证券

券

徐智龙

樊永显

著

ONE TO TWO

期货

投资

从一到二：
证券期货投资的知行之路

资

ZHEJIANG UNIVERSITY PRESS
浙江大学出版社

目录

1

2

第一篇

修炼分别心

• 老子说，道生一，一生二，二生三，三生万物。一是事物的本体，演化为形体和影子，我们人类在很多时候观察事物，看到的只是事物的影子，再根据影子来勾画该事物的形体，故此，认知事物就变得很难。人们之所以出现某些狂妄之举，就在于对某些事物知之不深，却妄言已经直通了真理。

• 在利益的认识方面，我们光考虑利益的获得，并力求实现利益的最大化，却没有在利益的获得与否方面，认真地在心灵上做取舍。其实舍弃是为了空出自己的头脑和双手，为了心智上更好地得到。

• 智慧之旅？智慧的升级，并不因为自己挣到了一点钱财就沾沾自喜，误认为自己已经很厉害了。比挣钱更高级的是格局，不要为了谋取钱财而蒙昧了自己的心智。知识的增长、技能的提升，使智慧得以形成，从好中分辨差，从差中分辨好，才是大智慧，这就是分别心。

• 不要线性外推，说的是要有自己的独立判断，不要被群体的恐惧和贪婪淹没掉自己的心智，"人舍我取，人要我舍"。做一个善良的人，善良比大智慧要重要得多。

| 第一章 | 绪　论 |

第一节　"从一到二"的花絮

　　2004 年 4 月，笔者毕业于浙江大学经济学院，主修经济学专业，并对股票期货等证券投资产生了浓郁的兴趣。从专业角度来说，笔者应当属于科班出身了，从 2007 年元月进入恒逸石化资本运营部上班算起，至今已经整整 15 个年头。笔者前后就职于两个大型的行业龙头企业——恒逸石化和敦和资管，其间自己也曾创业过，在金融市场从事的工作，从投研到交易，从前台投研到中后台销售，几乎所有的岗位都历练过，对投资融资的全貌也算是略知一二。为此，笔者一直想撰写一本书，来表达自己对大类资产投资理论及日常实务操作的看法。本书也属于有感而发。

　　从这本书的构思、写作到实际完工交稿，经历了一年多时间。笔者做了很多体现自己想法的 PPT，也有操作的文档，却一直很难持续下去。究其原因，竟是一直在纠结这本书应当起什么名字。

　　书名如人名，书名取得恰如其分，等于全部工作完成了一半。第一次取的名字是"投研的几个想法"，感觉颇有点工作笔记的味道；第二次取的名字是"投研必须知道的那些事"，好像有点鹦鹉学舌。因书名取不好，写作曾一度中止。最终定为现名"从一到二——证券期货投资的知行之路"，尚觉满意。

　　是什么让笔者给本书取了这个名字呢？笔者曾经给一系列客户寄送美

国的瑞·达里奥撰写的《债务危机——我的应对原则》。那时笔者在想，客户看了这本书对自己有没有帮助？是否会适得其反？依据瑞·达里奥的应对原则所著的两本书，均取得了极大的成功，背后的原因又是什么呢？是否有我们未曾思考过的话题？随着思考的进一步深入，笔者又想，既然是公开发行的书籍，投资大师犯不着对读者隐瞒什么，它一定有我们日常工作中没有注意到的东西，那就是依据自己日常投研工作积累的大量数据及相应的指标评估体系。即便我们认可了他人的操作原则，也学会了遵照该原则行事，但如果没有形成自己独特的调查数据与指标评估体系，又怎能指导日常的投研工作呢？

由瑞·达里奥的这本书，我在想，"美林时钟"投资理论目前已经风靡全球的投资界，享有盛名的投资大师巴菲特也经常用到这一理论。为什么我们使用"美林时钟"却屡屡受挫呢？是"美林时钟"过时了吗？不是。后来，我想明白了，"美林时钟"的理念在引入中国时，大家忽略了一点，即帮助投资者识别经济周期的转折点。在通过转换资产组合来获取盈利时，要分清楚未来 10～20 年的主资产是什么；如果主资产在不同的时间段里发生转换，投资人应当如何围绕经济社会的大环境的发展趋势，做好该项主资产的组合轮换及杠杆的加减工作。

过去 30 年的美国，主资产是股票，投资人只要坚定地持有股票，在经济下行的时候，将股票的杠杆去掉[①]，换成避险资产，就能在规避股票资产价格暴跌穿仓风险的同时，获得稳定的回报。等股票价格跌到低位的时候，再在该股票资产上加杠杆。在这个操作过程中，一定是一直持有美股资产的，只不过选择股票的资产倍数不同而已。中国过去 20 年的主资产则是房地产。只要你持有房子，即使在经济下行调整的时候，获得的现金流

---

① 这是指将股票的杠杆去掉，而非把股票资产全部出清。如何抓住这个点，在人们极度贪婪的时候去杠杆，在人们极度沮丧的时候敢增加杠杆？其实很简单，关键就是能否把简单的操作做到位。

也能够覆盖并超越利息；等经济上行的时候，房价屡创新高，将获得非常可观的回报。中国的债市、股市和商品市场，则只是作为房地产这个主资产的配角罢了。

中国高毅资产的投资大师邱国鹭一直被笔者所尊敬。笔者刚加入敦和资产的时候，就读过他的著作《投资最简单的事》，被书中描述的很多道理所折服。后来，见邱老师又写了其姊妹篇《投资不简单的事》，我有点错愕。当时有人说，邱老师一定是在做简单的事时遇到了挫折，才回到投资不简单的事情上来。其实并非如此！现在看来，这也是一个"从一到二"的过程，即重新回到了自己的自建系统，包括人才系统和数据系统上来。高毅资产的冯柳曾经在娃哈哈公司卖过快消品，现在做投资不也做得很成功吗？沿着这个思路，我发现投资界众多的"常青树"都有过做营销的经历，或者本身就是营销天才。投资不是搞科研，不是将一个道理百折不挠地使用，而是遇到南墙要拐弯，没有做过销售业务，哪能懂得这个道理？即便知道了这个道理，又怎能欣然接受并实际执行呢？

学习，是架构"从一到二"认识的主要桥梁。儒家对此有一段精彩的描述，大意是说：勤劳的人不学习，容易蛮干，不得其法，其苦无比；勇敢的人不学习，容易鲁莽行事；正直的人不学习，说话容易伤人心。学习是解决"只方不圆"的好方法。什么是学习？学习必须与思考紧密联系在一起，"学而不思则罔，思而不学则殆"。再如，善良是做人的一种优秀品质，但若不懂区分善心与恶心，其善也必成恶。

学习与思考同时进行，就是获取智慧的过程。如何理解智慧这个词？智，就是将知道的东西日日更新；慧，就是看问题的视角，或者说逻辑推理的角度，"独具慧眼"指的就是这一点。

直到这里，才引出本书的主书名"从一到二"，这是世俗主义的出世经典。如果提到"从一到二"，必然会有人说，"从零到一"的认知岂非更为深刻？《道德经》说，道生一，一生二，二生三，三生万物。这里的道，是无，一是太极，二是阴阳。无中生有的风险很大，是千古一帝才能做到的大事，然真正能达成此者，近乎于无。而从一进化到二，则要简单得多，反复思考，撞了南墙再停下来思考，终究会到达成功的彼岸。

"从一到二"的认知，不仅仅是指投资，对整个人生的领悟，莫不如此。

天无绝人之路，日常生活中，不要吊死在一棵树上。事业一直走得很成功时，不要骄傲，因为你只是芸芸众生中的一员；处于绝望状态的时候也不要悲伤，既然大家出生时都是一无所有的，那就从头再来，接着干就是了。过去的一段路，即便走得不如别人，也并不代表后面就一定不如人家，只要继续努力即可。人在悲伤绝望的时候，很容易一蹶不振，放弃理想，但也更容易顿悟，从而增益其所不能。"生于忧患，死于安乐"，经过多年的碰壁和社会的捶打，到了中年才能明白其中的道理。

在众多行业的生存与激烈的竞争中，永远并行着两条法则，即"马太效应"和"年轻人欺负年老人"。马太效应，即规模大的企业竞争优势明显，赚钱的机会多。后一句则是指年轻人思维敏捷，敢打敢拼，头脑中没有任何既定的条款与现成的框架，想怎么干就怎么干。大佬或企业一战成名后，就有了很强的路径依赖。轻松的钱挣久了，哪里还会思考再去拼搏革新？正儿八经的弯道超车很难，真成功了的话，一定是上述两个规律在发挥作用。

当一个企业变大了，或者有钱了，还需要做什么呢？还是靠以前的套路挣钱吗？绝对不能。企业做大了，那套传统玩法一旦发生变革，玩砸的后果就不堪设想。这时需要做的事，一是学会"挖沟"，二是运用自己的智慧积极扶持年轻人，两条方法同时进行，才能保证不会翻船。

专业与非专业的差别在哪里？非专业的人拿起来就干，而没有想如何干。故此，返工率特别高，会做很多无用功。专业的人则会想如何干、如何干得好。

你听很多投资者说近几年是股市赚钱的好机会，但如果你在短期高点冲进去，就会亏钱；你又听说，投资中考虑止损是一种很好的习惯，于是你止损了；股市再往上冲时，你再杀进去，然后再止损……如此循环往复，不仅没能赚钱，反而被当成大户收割的"韭菜"，赔钱了。原因何在？是只知其一，直线思维，没有进一步深入思考和科学的流程安排。如果大家都说股市好，那么当前的价格肯定反映了过去的利好，向下回调的可能性很大。这是"从一到二"的认识。既然预知股价会回调，那现在贸然冲进去，这笔本金损失和回调后的加仓，是你能承受的吗？如果真的回调了，你还会在回调中再加仓吗？

第二节 "从一到二"的解读

上面提到了"从一到二"的初步认知，即对于同一事物，要想到该事物蕴含的利与弊两个方面。"两利相权取其重，两害相较取其轻"，并以此来指导自己的投资决策。

在经典经济学中，为了判断价格的走势，设立了供给和需求两个层面进行权衡和比较。供给大于需求，价格容易下跌；供给小于需求，价格容易上涨。不仅如此，还根据边际原理，设置了边际供需决定价格的法则。这意味着，如果价格大体已经反映了供需，且供给缩小的量大于需求缩小的量，价格就有可能会上涨。这在后面的章节中会充分体现。这是"从一到二"认知的第一个层次。

"从一到二"的第二个层次，是从博弈论的角度来考虑问题。因为要指导儿子学习，笔者42岁才开始了解围棋。围棋在博弈技术中是比较高段位的。下围棋时，我们需要根据"从一到二"的思维来不断地调整自己：

（1）当别人落子之后，我得分析自己的应对策略，如果是解围，则需要考虑最为有效的解围方式，以及对方对此会怎么应对。

（2）当自己的一块棋陷入死局的时候，则要有"风物长宜放眼量"的气度，不要再试图救活，救往往会死得更多。此时需要做的事情是，分析对方有没有软肋，围魏救赵，以借此攻击对方。

（3）没有四平八稳的事情。在与对方博弈的过程中，当机会很确定时，如果能快别人一步，一定不要左顾右盼，应断然出击，"将军赶路，不追小兔"。

围棋对弈需要的是经典的"从一到二"的发散性思维，需要胆略。这种胆略不仅是善于寻找对方的弱点来进攻，更需要陷入困境时能自断双臂的勇气。在投资理财中，很多人很容易犯围棋对弈中的类似错误：

（1）做多被套住，则在下跌过程中一路加仓，以求摊薄成本，最后只会亏得更多，期货投资尤其如此。

（2）听到好消息就买，听到坏消息就卖。这是典型的"只顾眼前，不考虑长远"的打法，结果常常被打个措手不及。如听说某个公司要重组，你在高价时买入它的股票，结果后面一路下跌。其实，当你得到重组的消息时，大家都已经很清楚这一信息，它已经反映在股价的涨跌上了，但你却没有对此做深入分析。或者说该重组的信息，对股价根本没有任何实质性利好。[1]

以上是第二个方面，即"从一到二"的思考，是以变应变的发散性思维。

第三个方面，则是如何确定一个东西的落点。比如说，你认为某样东

---

[1]　80%的概率都是烂公司不断地重组，不断地"挂羊头卖狗肉"，最终并不能使该企业的价值得到实质性的提升。

西的价格很高，那么它到底有多高，包括了多少超额利润？需要有一个参照点。说一个东西很差，它又差在哪里，行业整体的盈利状况如何？龙头企业的盈利又是多少？找准参照点很重要。

譬如说，我在杭州城西的天目山路等你，如果没有进一步的信息，你是找不到我的。即便找到我，也要花费很大的力气和代价。但如果我告诉你，我某时某分在天目山路西溪路口等你，你找到我就很容易了。

如果有人跟你说贵州茅台的股价很高，这是事实，却非科学推理。我们是否投资贵州茅台，需要分析该公司的业绩增长和每股收益，持续增长性如何，有没有进入的壁垒，国家、同行对它的发展和市场竞争有无特别的举措。综合分析完所有指标之后，我们才能得出结论，现在茅台的股价是高还是低。如果有人告诉你可以买加加食品的股票了，为什么？因为单价低！那我们马上要分析，加加食品在上市之后，公司精力就没有放在生产经营上，而是不停地搞并购重组这些噱头，不仅被同行海天味业越甩越远，经营规模也在大幅下降。经过一系列的分析之后，你就不再会觉得加加食品的股价便宜了。

第三节　我们不得不懂的"时钟"

美林公司被美银收购了，留下的遗产只有被投资者争论不休的"美林时钟"。图1-1就是美林时钟。它以利率与经济周期为基本指标，将资产的转换分为现金、债券、股票和大宗商品四个象限。对于美林时钟的功效与利弊，到目前为止人们还在激烈地争论，有人说这个时钟转得好快，有时候股票与债券的频道一个月甚至一个星期就更替了。

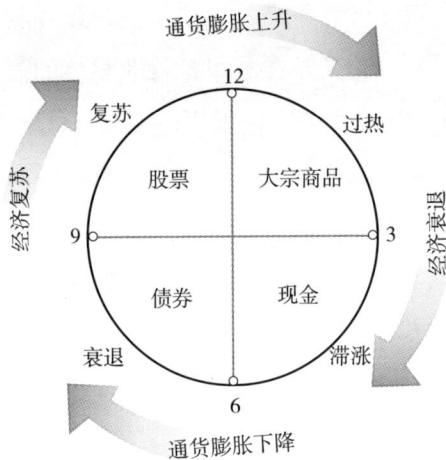

图 1-1　美林时钟

在中国，用美林时钟来解决投资事项，有两个取向：

（1）纯粹用于投资，决定在什么阶段持有什么资产。如经济大势处于经济衰退期时，大家会争相持有低收益却无风险的债券或现金资产；如果经济复苏并开始呈现过热状态，大家则会持有收益高的股票和商品。实际效果呢？未见得有几人挣到钱，笔者感到身边的朋友深受其害的并不少。

（2）用于股票投资，根据行业的属性决定什么时候持有什么类型的股票（见图 1-2）。

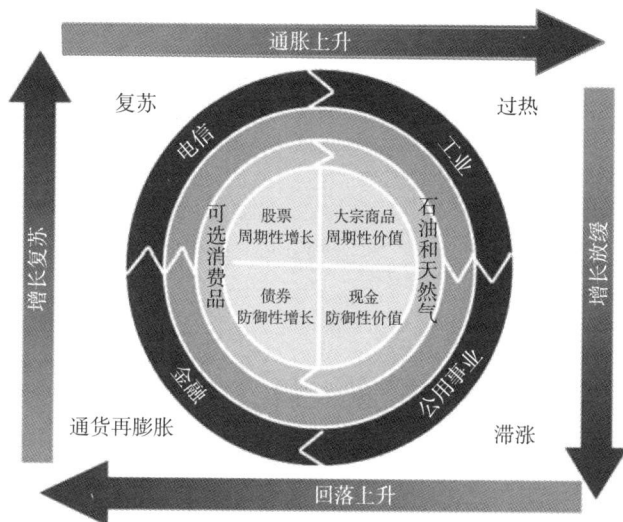

图 1-2　根据经济周期绘制的股票美林时钟

　　这个分析工具看起来非常完美，但按照 2018 年的行情来观察，就不那么灵验了。小规律很容易被大周期颠覆。我们需要先把大周期的问题搞明白之后，再去充分运用小规律进行投资，从而获得较高的回报。

　　万物皆有主次。虽然资产分配在四个象限，但在不同国家的不同时期，主资产的表现优劣并不一样。在过去 30 年里，美国的主资产是股票，只要股票市场出现重大危机，美国政府就一定会救市。在过去的 20 年里，中国的主资产是房地产，只要房地产市场出了问题，中国政府也一定会出台相应调控政策（见图 1-3）。由此，我们发现，美林时钟的转动是非对称且非充分的。

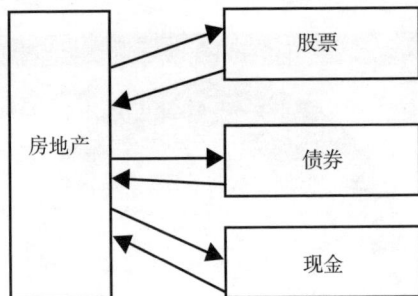

图 1-3　中国以房地产为核心的美林时钟

（1）过去 20 年，房地产只要出现泡沫（所谓泡沫，就是房价的涨幅过快，远远超出租金和居民收入、财富的增长），国家就会调控房地产。此时只要看到股票市场价格被低估，就可以及时去掉房地产投资的杠杆，买入股票；等股价涨得疯狂的时候，再卖出股票重新买回房子。

（2）过去 20 年里，我国股票市场的牛市都很短，为什么？因为股票不是中国政府和居民的主资产，在股价极低的时候，很多资金涌入股市，股市的体量小，很容易被炒过头。当股价高涨时，因为我们的商业模式几乎没有任何进入壁垒，容易形成"亿万股民齐炒股"的局面，于是股票就会遭遇被竞相购买再被竞相抛售的局面，资金再度进入楼市。

（3）过去 20 年，我国金融界开发的各式各样的固定收益债券、理财产品和信托凭证，大都是为房地产服务的。人类历史的发展，主要是围绕着衣、食、住、行、用展开，当解决温饱问题后，住是一个巨大且能长期持续的大项目。房地产不仅持续时间长，且会影响到周边共计 100 多个细分行业。

今天的美国已经完成了房地产业的大幅扩张，进入了一个以股市为核心的美林时钟（见图 1-4）。

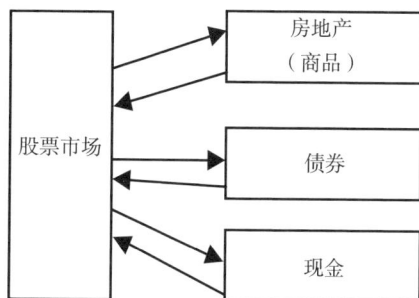

图 1-4 美国以股票市场为核心的美林时钟

美国股市成为美林时钟的主要资产，其他资产则围绕着美国的股票市场做加减杠杆的动作。在美国过去的 70 年里，只要在股市暴跌的时候，你没有使用杠杆，或者仓位已经降下来了，就不会有什么事情。一旦暴跌后，还可以重新回到股市或增加杠杆，长期来看就一定能跑赢各种"神仙打法"。

在过去的 100 年里，美国政府开展过的主要股市救市活动如下：

（1）20 世纪 30 年代，美国政府相信单单凭借市场自发的力量，能自动扭转股市的下跌局面，从而放弃救市，使美国的股市出现了长达 15 年的熊市。

（2）1987 年 10 月，美国道琼斯指数暴跌了 22.6%，短时间里市值蒸发了数千亿美元，市场一片恐慌。美联储称要"支持商业银行为股票交易商继续发放贷款"，里根总统也出面说美国的股市没有什么大问题，下跌即买点，最终避免了经济危机的进一步恶化。

（3）2008 年，美国次贷危机引发的金融危机全面爆发，美国政府大力动用"有形之手"的力量，实施"7000 亿美元救助计划 + 量化宽松"政策，一套组合拳下来，短期稳住了股市和房市。虽然这为很多人所诟病，但实际情况是利大于弊的。

以上是讨论美林时钟的第一个问题，即要在 10 ~ 20 年的时间里找出该国经济运行中的主资产，分析其活动的脉络及波动的规律，在主资产运营出现风险的时候，采取降杠杆的一系列举措，或用其他资产来替代主资产。等风险释放完毕，再重新加回已经卸去的杠杆。这里需要注意的是，千万不能将该主资产全部抛售。

美林时钟的第二个问题，是切入的角度过于宏观。我更加倾向于认为，在对行业进行深度研究的同时，应为每一个单一行业做一个美林时钟（见图1-5）。

图 1-5　深度行业研究划分

根据美林时钟理论的精髓，该行业的资产循环与周转可以分为四个阶段：出清状态、由出清到过剩的状态、过剩状态、由过剩到出清的状态。在严重过剩的阶段，一旦几乎所有的企业甚至龙头企业都处于赔钱的状态，此时股票市值一般都会低于其清算价值，是买入股票最好的时机，可以获得一个对整个行业都好转的免费的看涨期权。为什么不能用大举囤积商品的方式来替代呢？因为此时的社会需求过弱，囤货的效益会很差。如果买入期货来代替股票，期货又容易出现远期升水，展期的成本很高，本期实现不了利润。而当行业开始进入出清状态时，购入龙头上市公司的可转债是一种不错的投资。

如果市场出清完毕，整个行情的气氛好起来了，则要考虑卖出股票。一旦等整个市场进入过剩状态，就应该考虑做空该商品。为什么会选择做空商品，而非做空股票？究其原因，股票能被操控，做空股票很容易被上市公司的控股股东"修理"一番。一般真遇到"修理"，会导致平仓时股票的流动性很差。期货市场上的做空商品，则不大会出现这种情况。

图 1-6 显示的是天然橡胶期货价格与上市公司海南橡胶股票的价格走势对比。在这幅图中，两者价格走势大体相同，但如果进入实战操作，其结果则大相径庭。海南橡胶股票从最高点跌下来的亏损，只有 15%，其间除银行利息外，没有别的展期成本。但如果只看涨橡胶，认为橡胶的产能即将出清，就买入期货，则面临着 2018 年 5 月、2018 年 9 月、2019 年 1 月和 2019 年 5 月的四次展期成本，每次 800 ～ 1200 元 / 吨不等，此时不仅不能赚到钱，在价格不变的情况下，还亏掉了至少 40% 的本金。如果再稍微加一点杠杆，则容易陷入万劫不复的境地。

图 1-6   天然橡胶期货价格与上市公司海南橡胶股票价格走势对比

因此，本着"从一到二"的认知，美林时钟在应用上包括两方面：一是从大而言，要厘清谁是主资产，其他副资产都是围绕着主资产做着加减杠杆的动作；二是从小而言，如何从某一个行业出发，运用好美林时钟，选择好交易工具。

第四节 写在这个时代

有一组这样的数据：截至 2020 年底，美国股市的总市值约 55.96 万亿美元，是当时美国的 GDP 的 304.39%；同期，中国股市的市值为 79.72 万亿元人民币，只有当时中国 GDP 的 77.71%（见表 1-1）。有人会问，中国创造的 GDP 都到哪里去了呢？答案是：大都分都聚集在同期迅猛增长的房地产中，聚集在国家大举开发的高铁、高速公路、基础设施建设等所形成的资产之中。

表 1-1 中美两国股市占 GDP 市值比

年份	美国 GDP/ 亿美元	美股总市值 / 亿美元	美股总市值 ÷ 美国 GDP/%	中国 GDP/ 亿元	A 股总市值 / 亿元	A 股总市值 ÷ 中国 GDP/%
2013	165 533.00	297 706.73	179.85	596 344.48	239077	40.09
2014	169 321.00	361 979.82	213.78	646 547.96	372547	57.62
2015	173 902.00	320 498.12	184.30	692 093.70	531304	76.77
2016	176 803.00	343 666.05	194.38	745 980.51	507686	68.06
2017	180 791.00	417 025.16	230.67	828 982.76	567086	68.41
2018	186 068.00	370 272.45	199.90	915 774.26	434924	47.49
2019	190 847.00	467 248.81	245.50	994 927.39	592179	59.52
2020	183 847.00	559 618.58	304.39	1 025 916.60	797238	77.71

在中国 GDP 的总量和社会总财富之中，股市的市值占比太低，房地产的市值占比又太高，显而易见是不合理的。有人将此归结为国家和地方政府实施的"土地财政"政策，也有人将其归因为中国老百姓的房子情结过于严重。这一事项摆在过去是合理的，中国人一辈子穷怕了，解决温饱问题后，房子问题就会被摆在首位。在中国改革开放之初，大部分人从事的都是劳动密集型行业，除了劳动力成本相对廉价外，没有其他任何的竞争优势，各个行业的进入门槛都很低，资产估值不仅上不去，还极不稳定。

然而，这一切正在悄然发生变化。

（1）2016 年 12 月 14 日至 16 日，"房住不炒"的观点首先由中央财经领导小组在中央经济工作会议上提出。2019 年 4 月 19 日，中央政治局会议再度重申"房住不炒"，并点名批评了数个房价上涨过快的城市。

（2）2018 年 11 月 1 日，习近平总书记在民营企业座谈会上提出，"民营经济是社会主义市场经济发展的重要成果，是推动社会主义市场经济发展的重要力量"。①

（3）2019 年 2 月 23 日，习近平总书记在中共中央政治局第十三次集体学习时强调，要深化金融供给侧的结构性改革，增强金融服务实体经济的能力。② 2019 年 4 月 19 日的中共中央政治局会议上，习近平总书记再次强调要加强金融供给侧改革。③

（4）2018 年末，财政部提出了个人所得税制的深化改革，个人缴纳所得税的免征额大幅提升，还特别增加了专项免除举措，并于 2019 年的 1 月 1 日开始在全国实施。纳税人的税负由此大幅减轻。2019 年的全国"两会"期间，国务院提出将对企业征收的增值税从 16% 降低至 13%，并于当年的 4 月 1 日起实施。两大减税措施的实施，极大地增强了企业的盈利能力，增强了居民的可支配收入和消费能力。这些举措都有利于资本市场的健康向上发展。

（5）2021 年前后，国家先后出台了关于城市土地拍卖款由国税部分征缴中央的文件，对房地产业的发展提出了各种限制性政策。这些均表明中央希望我国的经济发展模式告别了传统状态。这种政策导向对未来的投资方向，是决定性的。

从以上的政策动态来看，国家将会逐步使房地产市场的发展让位于包

---

① 参见：http://www.gov.cn/xinwen/2018-11/01/content_5336616.htm.

② 参见：http://www.gov.cn/xinwen/2019-02/23/content_5367953.htm.

③ 参见：http://www.gov.cn/xinwen/2018-11/01/content_5384541.htm.

括股市在内的整个资本投资市场。从美林时钟的角度来说，中国的主资产将会从房地产业过渡到证券投资行业，未来资本市场的一切，都将围绕着股票这个核心资产转动。图 1-7 是对中国主资产转移的预测。

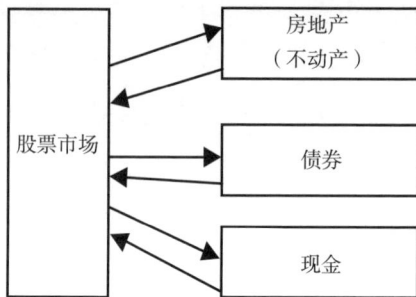

图 1-7　对中国主资产转移的预测

当然，这种主资产的转移不可能在短时间内完成，我们以 5 年为限来描述这种变化（仅供参考）。

表 1-2　未来 5 年中国主资产转移预测

类别	2021 年 / 万亿元	2022 年 / 万亿元	2023 年 / 万亿元	2024 年 / 万亿元	2025 年 / 万亿元	累计增长率 /%
GDP	114	123	132	142	153	41.7
房市	600	615	630	646	662	10.4
股市	90	102	111	121	132	46.7

（1）2021 年的 GDP 为 114 万亿元，对 2022—2025 年数据的预测，是基于 5% 的 GDP 增速加上 2.5% 的通胀率。

（2）2021 年的楼市市值大概为 600 万亿元（笔者估计），"房住不炒"的政策并非要将房市一棍子打死，而是尽力维持与同期 CPI 的同等涨幅，以方便居民用几年的时间将房产中蕴含的巨额财富腾挪到股市上来。这种房价的上涨，不会对居民拥有财富或其他支出形成抑制作用。

（3）2021 年股市的总市值约 90 万亿元，考虑 GDP 前后的增加部分全部流入股市，综合来看，5 年 GDP 的增长率是 41.7%，楼市是 10.4%，股市涨幅则可能将达到 46.7%。

考虑到个税及增值税减免、政策引导房地产资金流入楼市，以及人民币的中长期升值因素，每年流入股市的社会资金会达到 6 万亿元，详见表 1-3。

表 1-3　中国股市市值未来 5 年修正预测变化

项目	2021 年 /万亿元	2022 年 /万亿元	2023 年 /万亿元	2024 年 /万亿元	2025 年 /万亿元	累计增长率 /%
初始状态	90	102	111	121	132	46.7
加项	—	6	6	6	6	—
动态市值	90	108	133	139	156	73.3

注：动态市值 = 初始状态 + 加项累计。上述计算仅仅表明笔者的研究思路，并不具有严谨的学术价值，请勿转载使用。

表 1-3 中，预测 A 股市值 5 年增长 73.3%，主要考虑了两个要素：一是 GDP 的净增长全部溢出到股市，而非继续向房地产业转移；二是外部的三项政策利好都促使资金流入股市。根据美国股市的发展规律，中国 A 股的市值总额，往后将会不断追平 GDP，即便这样，到 2025 年，中国 A 股市值与 GDP 的比值也仅为 86%，与美国的这一指标相比，还是差距甚远。

按照"从一到二"的认知原则，我们必须理解 A 股市值在上涨过程中的机理、路径和可能面临的问题，只有这样，才能从容应对各种价值波动。

1. 股市的定价机理

$$股票价格 = 每股收益 / 股东的必要回报率 \tag{1.1}$$

从式（1.1）可以看出，股票的价格是动态变化的。在股东必要回报率不变的情况下，股价与每股收益之间的波动是正向关系；在每股收益不变的情况下，股价与股东的必要回报率之间是反向关系。

2018 年，所有 A 股上市公司的总盈利约为 39500 亿元，股东回报率按照 GDP 的增速 6.6% 计算，A 股的合理市值应当为 59.8 万亿元。截至 2019 年 4

月 22 日，A 股的总市值达到 65 万亿元，溢价率为 8.7%。

上述公式中，同样体现出"从一到二"的分析视角：

（1）如果股市的收益上升，则 A 股价值会上升。从国家减税、市场增利的角度来说，A 股目前的溢价率为 8.7%，还是不够的。有人说，减税增利不属于上市企业内生性的盈利改善，给不了那么高的估值，这里按照 5 倍的低市盈率分析，目前的 A 股仍位于价值低估的区域。

（2）大家对资本市场的认知有个悖论，即随着 GDP 增速的下滑，A 股的市值反而应该上升。如何理解这一问题呢？随着 GDP 总量的持续增大、每年增速的下滑，如我国从 20 世纪后期的持续两位数增长，到 21 世纪初期 8% 左右的增长，再到如今 6% 左右的增长，GDP 增速下滑，应当是社会经济发展的大趋势。在总盈利不变的情况下，分母缩小，就意味着社会要求的必要回报率是下降的，得出的结果则是上升的。

2. 路径（3×3）

既然本轮股市的存在与发展情况不同于以往，即将从配角逐步转化为主角，那么，A 股市场的牛市可能存续的时间，不再是过去的 1～2 年，而是会很长，比如说 10 年或 20 年。这里根据价值回顾与技术的考虑，提出"3×3"的模型。

（1）第一个"3"指的是 A 股将有 3 波大的上扬，期间会有两波小的熊市，熊市持续的时间不长，总体牛市持续的时间可能至少有 10 年。这非常符合金融供给侧的精神要旨，就是让财富的增长体现在股市中，而非在房市中。

（2）第二个"3"是指每一波大的上扬中，都会有 3 波小的上涨，即所谓的"一买、二买及三买"。

图 1-8 中点位的描述，仅仅是为了展示"3×3"走势的图形，并非对未来 A 股走势的明晰判断。3 波大的上涨中，每波上涨中又包含有 3 次上

涨和 2 次回调，表明做好未来股市走势的预测很重要。预见高点出现之时，可以卸去股票市场交易的杠杆，保住胜利果实，或者用卸去部分杠杆得到的资金，去从事商品期货、房地产、债券和类现金的投资。

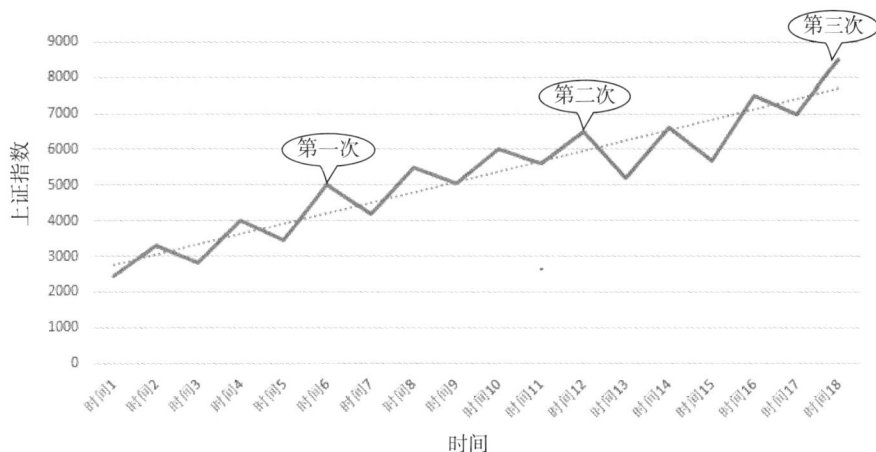

图 1-8　"3×3" 走势模拟示意（大的上涨与期间小的上涨）

3. 可能面临的问题

我国长期存在的房地产市值逐步做大的过程，实际上也是国家资产负债表逐步做大的过程。在这个过程中，国家的资产负债率处在相对较高位置。经历了 2008 年财政资金投资 4 万亿元、货币资金投资 10 万亿元的倾力刺激后，整个国家的经济杠杆都在逐步加大，先是企业加杠杆，后来是政府和居民加杠杆。接下来一轮是让企业减负"去杠杆"，其实就是做好国家的利润表。为此，必须依赖两个方面的要素：一是时间，即通过时间的推移，逐步将杠杆降下来；二是通过国家供给侧的改革，提升产品的价格，并通过货物出口的方式让境外的消费者同时承担这一重负。

将可能发生变故的时间向后推移，更多的是为了不让经济矛盾急剧放大或激化，从而导致短期成效并不明显。通过国家供给侧改革的方式来修复利润表，带来的问题则可能是我们的竞争优势被逐步削弱。如近 5 年来，很多的劳动密集型企业从我国相继迁移到了越南、泰国等劳动力成本较低的东南亚国家。

最后一点就是同美国的关系，我们需要找准差距，大力补短板，增厚中国经济抵御未来风险的能力。在中美贸易摩擦中，我们不能一味委曲求全，而应争取用5~6年的时间实现经济动能的改变，真正实现中国经济从量到质的提升。

第五节　大型资管成就卓越，必须要学会"挖沟"

有这么一段话：如果你今天参与投资，明天就期望分享胜利果实，你的对手会遍布全世界；如果你今天参与投资，按年定出胜负，对手就会减少许多；如果你今天的投资是以十年甚至一生作为时间单位来计量，你的对手的数量一定是凤毛麟角的。

这就是我们常说的想大的、想长的、想远的。

想长和想远的，人们不仅要付出很多心血，也要忍受路途中面临的很多诱惑。"将军赶路，不追小兔。"一路前行中会遇到很多只兔子，如果仅仅为了追逐眼前的利益，在你的有生之年里，将很难达到成功的彼岸。有人说，未来的三大支柱行业中，一定会有资产管理行业的一席之地。但是，房地产也曾经是三大支柱行业之一，其中又有多少房地产公司是常青树呢？

先说为此要付出的心血。下过围棋的人都知道，棋盘上的很多局面的发生，都是险象环生的。如果你把自己的成功建立在自认为比别人聪明的基础之上，一定会输得很惨。成功，要建立在智慧的基础上。智者，识也；慧者，别也。获取智慧的过程，其实就是勤劳向上的过程。智慧，首先是获得知识，即对某些事物的认知，这需要向别人学习，向书本学习，还有向昨天的自己学习；其次是别，就是做到分别为圣，即对一些事物的分析要有自己的角度，有自己的独立观点，杜绝人云亦云。市面上众多的大投资机构，从最初的资本原始积累一步步发展至今，一定要有时间和精力去构筑属于自己的智慧之城。

再说诱惑。人是很难经受各种诱惑的，对付诱惑最有效的方法，就是远离经常为追逐一些小利而兴奋不已的人或机构，不参加这些聚会或演讲。"不要让我遇见试探，救我脱离凶恶"，这是基督教经常出现的祷告词。这表明人性本身是很难摆脱各种诱惑的。所以，人在神面前祷告时，才会说"不要让我遇见试探"。

做到了以上两点，我们再来探讨大型资管机构如何演变成闭环的投研机构。

图1-9所示是从研究与交易的角度，来描述大型资管机构的"挖沟"行为。

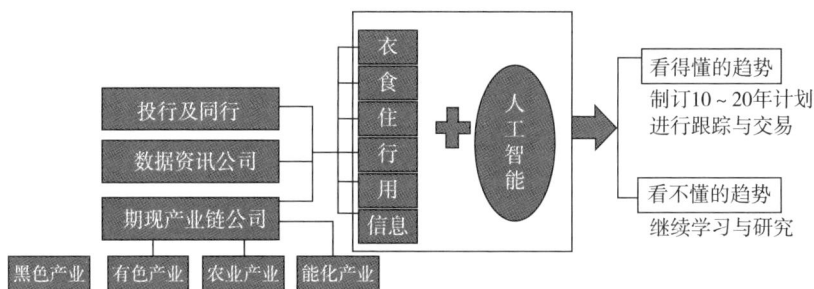

图1-9　大型资管机构"挖沟"行为示意

（1）通过交易、研究和与同行交流，构筑自己的核心大数据。首先我们看看证券投资业界的全产业链公司的状况，它的投资业务包括了从期货到股票、期权甚至公司债券的全部。这一层的建立要解决两个问题：一是构筑立体的交易模式，即从期货到股票、期权甚至公司债券的行事方式，构筑闭环的交易形态；二是记录公司在参与交易中的数据，如价格、交易量、库存，尤其是特殊时期的交易数据，以便在日后类似的情形中可以合理利用这类数据。

没有自己的交易数据的公司，对图1-10中椭圆圈处圈出来的点，即高点和低点的相关信息的回溯，只能依靠行业网站的数据。如果我们能切实进行证券投资业务活动，就可以在行情走出来不久就随时回溯这些数据，包括当时现货成交的价格和交易气氛，以及当天主要交易对手的库存数据等，形成一个特殊事件的案例数据，以便未来出现类似的行情时，我们所做的方案能更加到位。

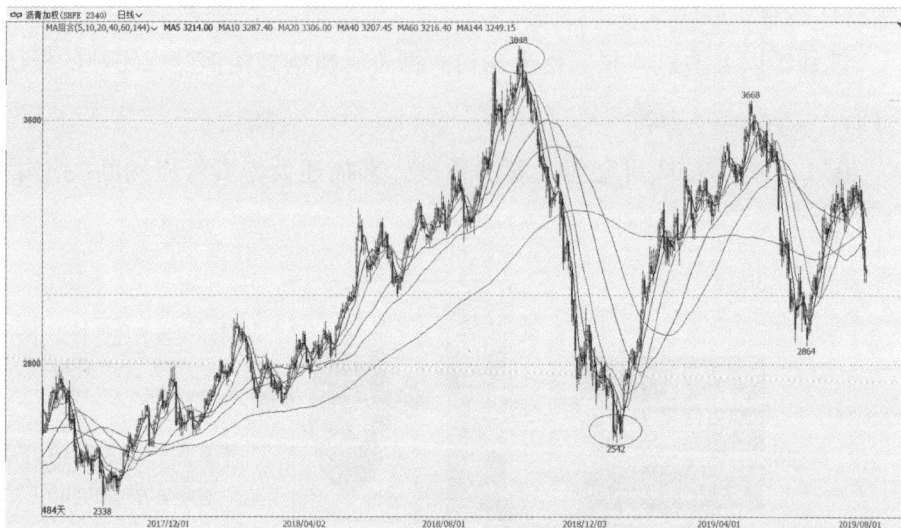

图1-10　沥青指数日线走势

这是一家公司的内核，即别的公司没有建立的数据库。接着我们要充分运用数据公司和行业资讯网站的数据，不断完善我们的数据库，优化我们的视觉。证券投资业毕竟是由人来操作的世界，要避免出现纰漏，就应该向投行及同行请教。但无论如何，从外部世界获取的各类信息，只是为了辅助你做出更好的判断，而非代替你做出判断，请记住，不是代替你的判断。我们应努力构建自己的内核（见图1-11）。

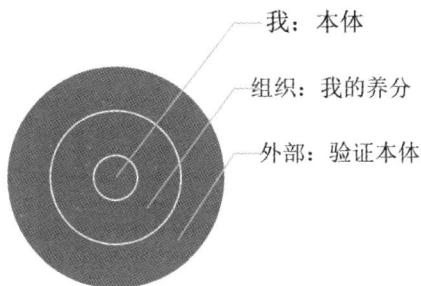

图 1-11　内核构建

　　没有投资交易及由此对该交易的认真思考，就没有对该投资行为痛彻的领悟。

　　作为交易投资的本体，笔者在 2019 年 3 月和 4 月之交时，认为整个 3 月份的交易数据都是好的，货币边际肯定会在将来有所收紧。尤其是到了 2019 年 4 月中旬，国家公布了房地产和社会融资数据后，笔者更加确信了这一点。毫无疑问，作为对市场销售的认知，笔者得出这个判断似乎比公司还早一点。当时，笔者提醒公司的很多做股票的客户卖出股票。这是一个很好的主体判断，但在实际操作中并没有将此判断用好（沪深 300 日线走势见图 1-12）。

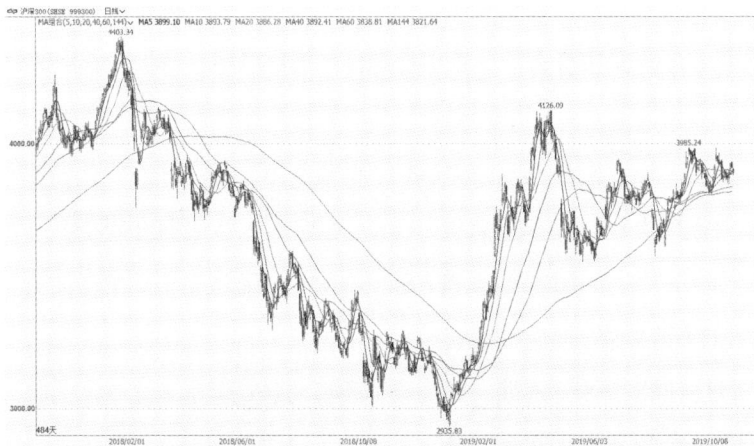

图 1-12　沪深 300 日线走势

之后，笔者在 2019 年 4 月到 5 月初对主要客户的多次探访中，获得如下信息：

①某国企才俊说，市场大体还是很好的，小型私募基金干得不多，资金不会那么紧张，市场交易还是挺不错的。

②做有色金属的叶姓朋友说，尽管货币的边际在收紧，但市场并不缺钱，他看好未来的股市，股市还能挑战前高。

③陈姓朋友属于技术派，他认为创业板是这轮轮动中表现最强的，应该能达到 3200 点，目前创业板的调整并没有跌破颈线。

④中国南片地区的胡总，则非常看好中证 500 期货指数，并大量买入，因为 IC 贴水，目前能看得懂的资产就是股市。

⑤某公司南片地区的张总，则认为 A 股只要一调整，就准备买入。

这里列不尽所有信息。只有一个南片地区的朋友，原来大谈国运，这次害怕因为生猪的价格波动问题，把整个货币市场的基调改掉，从而让股市的估值掉下来。

凡此种种，对股市行情几乎没有看空做空的，而货币的边际收紧，业绩爆雷却在时时发生，技术调整在进行时，参与者的看法与基本面大都是背离的。而这种背离是因为有大量的人踏空所致，即每次回调都有人买入。而笔者并没有做到知行合一，仍持有 IC 的股指多头，并没有做到行动与认知相一致。

（2）基于朴素的角度，人们将行业分为衣、食、住、行、用与信息 6 个行业，绝大部分行业都包含其中，然后加入人工智能的维度，思考每个行业发生的变化，同时根据机构的路径依赖，确定自己最擅长的行业，再对此展开详尽的研究。

人们往往将"路径依赖"视为贬义词，其实这是一个中性词。它只是描述了市场参与者过去的行业导向，以及对未来所走的道路选择的依赖，并不表明一种观点。举例来说，荣盛石化未来要搞大型资产管理，如果以"衣 + 人工智能"为基调，能够构筑很强的壁垒，并发挥该有的优势。而中粮集团未来要搞大型资产管理，则一定是以"衣、食 + 人工智能"为基调，才能获得很好的效果。

（3）通过强有效的研究，我们基本能得出一些结论。从理论的角度来说，则分为看得懂的趋势和看不懂的趋势。我们的投资行为包括资产配置，一定要从看得懂的趋势中寻找，寻找确定性的机会。对于看不懂的趋势也不能放弃，要继续深入分析，力争一点点逼近事物的真相。

以"衣"为例，衣的上游是棉麻种植与化纤行业。"衣"是劳动密集型行业，最近 10 年劳动力成本涨得很厉害，开始时工人工资是 2000 ～ 3000 元 / 月，之后是 5000 ～ 6000 元 / 月，现在有些工人的工资已经达到 8000 元 / 月。即使如此，很多年轻人也不愿意为增加薪酬而加班。同时我们也要看到，由于科学技术的进步和劳动生产率的提升，棉麻的价格会长期维持在低位，化纤价格也一定会稳定在低位。

届时中国产业界的情况变化可能是：资本性产业的优势越发显著，劳动密集型行业的优势则在逐步削弱。由此引发的变化是：服装行业会逐渐转移到人力成本较低的东南亚；化纤及化纤的上游原料行业，规模及垄断会更为集中，并诞生一至两个销售收入达到 5000 亿元规模的上市企业。

目前，恒力股份、荣盛石化、恒逸石化和桐昆股份这几个上市公司的业绩表现都比较优秀，到底哪家企业会更优秀一些，还需要做进一步的分析研究。

| 第二章 | 智慧修炼 |

无智慧者，难以成"财"，唯有卓尔不群，才能永恒立足于投资之林。

第一节 智慧之"我解"

将智慧加以解读，应该分为智与慧。

智，上面一个"知"，下面一个"日"，即知识的获取必须是每日进行的。每日都做知识的收集与整理工作，才是智者的行为与风范。日复一日，年复一年，最终会长"见识"。也就是说，通过这种持续性行为，个人可以根除愚昧，最终走上明智的道路。

在围棋学习中，我们通过打谱、做各种分类练习、积极关注直播赛事及与对手下棋来做每天的功课，来提高自己。

在投资中，需要多做复盘工作，通过日报、周报和月报并与同行进行一定频率的沟通，多做知识的积累与更新，以此来不断夯实自己。

要达到"慧"，"知"的行为不可或缺。要达到"智"，则需要日日修炼。以前笔者在敦和资产上班，每日早上有晨会，周末有周会，大家一起学习，开会之前大家都会做足功课。以至于笔者离开敦和资产之后，还是这样坚持做。持之以恒地这样做，能增长知识、训练技能。更重要的是，通过这项修炼，知道成功来之不易，成功是勤奋加坚持的结果。

慧，即分别心。面对一堆的阅读材料、数据与信息，我们能得出真解，这才是现在信息化社会最缺的东西。有人说，有了微信之后，通过朋友圈与微信群，所有的资产投资与行业信息都是一目了然，这充其量只是解决了"智"的问题，但离"慧"还差得远呢。

在行业研究中，可以将以下这些理解视为分别心。

例如，衣、食、住、行、用中的衣和食，需求总量缺乏弹性，但生产与库存则有节奏弹性，即若过去某个季度生产或库存太多，则要担心后面的季度生产会变少；过去某个季度生产太少，则要担心后面季度生产会快速多起来。

一个点的评估权重的变化。如 2019 年的春夏季，织造环节的库存高企，库存的主要品类是细旦丝，主要需求季节一过，这批库存就成为沉没成本，接下来是粗旦丝的生产，那么细旦丝的库存就被放一边了。因此，织造产品的库存原本赋予的权重是 1，接下来就可能是 0.5 了。转到 2019 年 11 月份，各类反弹已经到位，细旦丝的老库存必须销售出去，除非工厂停产，权重又可能会从 1 上升到 1.5。

在极度恐惧与贪婪中，坚持行业常识是具有分别心的表现。2015 年底，在螺纹钢的价格跌至 1600 元 / 吨的时候，某著名钢网的分析师说螺纹钢还有 200 元 / 吨的利润，但有个关系要好的钢贸易商则说钢厂怕银行停贷，都在"装活"。2019 年的乙二醇，如果按照 55 美元 / 桶的油价来算，国内的装置都是亏钱的，国外只有天然气生产是盈利的，这是常识。但现在市场的声音是乙二醇生产是有现金流的，不少企业还有 600 ～ 800 元 / 吨的利润空间。如果你能在这里仍然坚持常识，就是一种分别心。

如何获取分别心？首先，要有一种坚定的思想意识，基督教祷告反复强调的就是求智慧，智慧才是一切事物的源泉；其次，要多读书，多操作实践，如果认为是对的，要亲自去做一遍；最后，多与他人交谈，碰撞出思想的火花。

第二节　智慧的分级

人们拥有的知识，要上升到智慧的层级，必然需要个人在心态和思维上发生突变。读过《论语》的人，都知道有两句有名的话语："学而不思则罔，思而不学则殆。"学与思的有机结合，就是智慧。学了不思考，那些内容永远是知识；空想而不学习，最终只会得妄想症。一句话，智慧是积累和更新知识的主动性，以及对应的应变能力。

在投资上，尽信书则不如无书。有一次和友人在一起聊天，他说他看了千把本书，感觉也就是那个样子，看书对自己的提升似乎不大。笔者反问，是否看的都是同一类型的书呢？友人沉默。凡书皆知识，不要硬给自己设定框框。一旦涉猎面扩大，学到的知识就会在大脑里发生化学反应。

智慧按照所处层次区分，可以分为生存智慧、商业智慧、未来智慧和政治智慧（见图 2-1）。

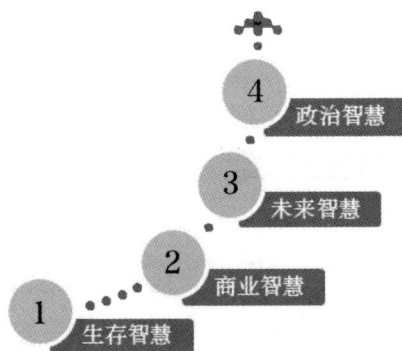

图 2-1　智慧层级

1. 生存智慧

这是让我们赚取牛奶和面包的知识及应变能力，即我们说的"敲门砖"。

在投资这门学问上，我们首先要把投资当一门职业。只有将其作为一门职业之后，我们才会尊重它。不少人认为投资的门槛很低，随便什么人都可以做，专业的人未必挣钱。这种说法极其错误。在每一轮经济大萧条中，亏钱的大多数是业余选手。笔者的体会是，投资的生存智慧，就是先搭建好自己的系统，结合实际开展系统训练，并不断地复盘总结。

（1）要会逃命。

（2）做出重大判断时，经济利益往往只能排在第二位。

（3）锻炼身体。身体是1，其他是0，没有身体，再多的0都是白搭。有了健康的身体，如果能比一般的投资者多活10年、20年，时间会给你更多的机会。

2. 商业智慧

这是对自己熟知技能与应变能力的加减乘除甚至指数化操作的能力。

常人都有"一加一等于二、一减一等于零"的计算能力，却缺乏凭借一个支点撬起地球的能力。为了形象地说明这个问题，举几个小例子：

（1）"贷1美元的故事"。犹太商人怀揣着50万美元的有价证券，行走非常不方便，如果拿去寻求保管，则保管费用不菲。于是他就尝试性地想到用借1美元的方式，把这些有价证券抵押出去作为担保，最终取得了成功，不仅达到了保管有价证券的目的，而且花费的费用只有几美分而已。

（2）期货行情的加减仓策略。2019年，TA1809进入8月初之时，因某大型PTA工厂做出要交货的姿态，市场普遍预测行情可能已经见顶。突然，这家工厂猛然平掉了空头，并在市场上主动买入PTA现货，实际交货数量只有40%～50%。某个人投资者果断地在这个位置重仓买入TA1809合约，不到3周，价位上涨了2000元/吨。

（3）某人在2016年初买入杭州钱江世纪城的房子，房价1.8万元/平米，当时买入的核心逻辑是以房养房，每期住房的租金收入能覆盖所需交付贷款的利息即可。到了 2017 年底，房价过快上涨，租金除以房价的占比不到 2%，于是此人果断卖出房子，2018 年开始做类固定收益债券的产品，稳定回报率超过 6%。

3. 未来智慧

这是指洞穿未来并能做出及时变化的能力。

包括笔者在内，大多数人只是活在过去，由此，如何洞穿未来呢？首先，做一些历史性回顾，发现某些规律；再分析构成条件的变化，做出一些可能变化的推测。例如，我们分析标普 500 指数成分股的变化及表现，发现这些变化与市场趋势的变化基本一致。那么站在这个时点，未来的变化是怎样的呢？对中国来说，房地产金融的位序会下降，人工智能及制造业的升级，则是未来发展的大方向。以终为始，我们所有的工作、学习都要紧紧围绕这个方向来展开。

（1）大类资产的看法。我国的房地产未来会平稳，但不会再有太大的上升空间，因为房地产总市值已经达到了巨量的 450 万亿元。从跨国资产的角度来看，房地产已经具有泡沫化的状态和特征。而中国的股票资产则处在一个较低的水平，长期来看具有大幅上升的空间。

（2）大资管是未来发展的趋势。目前，中国的间接融资比例很高，间接融资的主体是银行，而不是非银金融机构。未来的发展趋势是要加大直接融资的比重，尤其是提高股权融资的比重。各级商业银行依然是资本市场的参与主体，这一点毋庸置疑。只有这样，才能解决房地产市场与股票市场在国民经济占比的失衡问题，也只有银行作为大资管机构，才能让直接融资市场快速步入正轨。

（3）普通资管公司及个人对投资的变化。第一个变化是，越来越多的与期货有关的个人投资者和资管机构都明白了期货的投资之道，懂得了期货定价的原理，很难再像从前那样赚到大钱，且主力企业拥有货源及决定行情变化的边际信息。第二个变化是，上市企业不再迷恋于研究别的企业的特征，而是研究怎样对自己的企业进行市值管理，从而赚取丰厚的回报。市值管理能让企业管理层获得丰厚的回报，且这些回报是从市场上赚来的，而非花老板个人的钱。

这些变化，都是未来智慧。如果你不懂这些变化，就很难调整自己的投资策略，也很难研究出新的投资工具并投入使用，如此必然会让自己处于被动状态。

4. 政治智慧

这是指具有保护自身财物与生命安全的能力。

这种能力看起来简单，但做起来很难。中国证监会最近几年明显加强了对机构投资者的监管，使那些依靠打板的股票交易者生存空间在变小。在股市与客户的实际交流中，不少交易者都提到了这一点。有些交易者非常不习惯，依然依靠过去的老一套办法参与交易，结果被罚没了资金。

不分时间、地点的攀比，其实也是缺乏政治智慧的一种表现。笔者有一个朋友，确实很优秀，一波很顺的交易让他在短期内赚到了5亿元，但他并不满足，非得与期货行业的标杆人物对比，想通过一波行情赚到20亿元，结果走上了不归路。正确的做法就是，每个人当下都要对自己的能力、市场环境及能力与环境的匹配性，进行持续的价值评估，避免因偏激而陷入万劫不复的境地。

（1）在大方向的判断上出了问题，一定要及时发现问题并予纠正。如前所述，今天的市场已经发生了很大的变化，且未来的行业集中度在急剧提高。一个公司有决心做自身的市值管理，一定要重点关注那些龙头企业。贪图便宜并依靠炒作做事的行为，一定要摒弃掉，此前有这类公司客户的，则一定要毫不犹豫地砍掉。

（2）大资管时代，个人择业一定要选大企业，即立足于有自身经营模式，并且有商业银行背景的公司，这样才会获得很好的发展。

以上4种智慧，从生存智慧上升到政治智慧，并不是简单的直线性上升，而可能存在着迂回上升的过程。个人智慧在上升的过程中，最担心的是有政治智慧之后，缺乏生存智慧，这就很麻烦。政治智慧可能更多的是一道栅栏，而非带来实物。商业智慧的发挥，一定得建立在系统基础上，否则，容易鸡飞蛋打。

没有做过很多交易，没有切身经历某些事情，会很难理解"空谈误国、实干兴邦"的道理。在投资这条路上，有人认为会做研究、拿得住头寸是最重要的。其实，笔者综合了很多成功和失败的案例，得出如下的看法，也可以作为生存智慧的补充。

做好投资交易，摆在第一位的是心态。首先，要坦荡地面对客户，保持良好的心态，千万不要对客户夸海口，不然很容易陷入失信的深渊，进而影响自己的心态。其次，要正确看待同业的盈亏问题，不要"只见贼吃肉，不见贼挨打"。看见周边人比自己的收益高，也用不着慌张，做好自己的事情、走好自己的路即可。最后，就是面对自己的内心。很多时候，是自己搞乱了自己的阵脚，投资失败了就是失败了，干干净净地认输，在投资交易上不能有报复心态。

摆在第二位的是了解自己的禀赋，确定自己可以干什么。在结构性行情盛行的时候，你看到人家抓住牛股了，也想去炒，结果血本无归。有的人搞网格交易，有的人则是搞龙头股战术，很多研究做得好的业界精英纷纷离开原来的单位，企图参与实战中的投资创业，但实际效果并不好。为此，要找到适合自己且自己能驾驭的科学方法。譬如说，笔者所在的团队，成员的数学和逻辑思维都好，但人数太少，不适合搞个股策略，我们就采取了条件选股的策略。

摆在第三位的是采取与当下时代相符合的策略。如果判断是牛市，可以构筑回撤相对较大的单边；如果是结构性市场，则考虑回撤较小的套利策略，单边只能适时地增加。牛市用熊市策略，极有可能一路做多一路赔钱；熊市用牛市策略，更会亏得血本无归。

摆在第四位的才是研究。研究解决什么问题？其实是分析方向或抓住事物的特征，以及判断事物的延展性问题。

摆在第五位的是建立一套跟踪体系。如果投资能解决生存智慧的问题，则一定是一项需要辛勤劳作的工作。"纸上得来终觉浅，绝知此事要躬行"，我们需要一套标准来持续跟踪，才能避免误入歧途。

最后，如果是生存技能方面的事情，一定要考虑这类买卖是否具有较高的可复制性。如果无法复制，则绝对不是一类好交易。我们需要不断地回顾上述过程，看看其是否具备可复制性的特征。

坦率地说，笔者此前自认为自己做得很不错，解决了生存智慧的问题，其实并没有。如今能参悟，也不失为幸事。

第三节　人尽其才，才是大智慧

资管机构的用人问题，一直值得深思。做多了行情大势研究的人，都想亲身参与实战交易。但是，交易做失败了，要想重回研究岗位就很难了。一是自己不想回；二是自己想回，但年纪大了，单位及职场不再给机会。这也是很尴尬的事情。谁都想当基金经理，这是资管公司的通病。但无论怎样，基金经理的位置上就只有那么几个人。

笔者一直在想一个问题：年纪大了就真的没有做研究的优势吗？从周期论的角度来说，年纪大，见得多，分析事物时会更加注重历史的回溯性，下结论时不会那么冒失，这就是一种优势。但年纪大了做研究最怕的是抱残守缺。时代在变化，如果仍不打破自己的分析框架，极易犯"一个过时的经验用了 20 年"的错误。

譬如，行业中的某位老前辈，在股市中数波浪数了 20 年。尽管手动报价都进化到电子报价了，但他的理论水平和技术方法根本就没有更新。结果是他不仅没有挣到钱，反而让自己在市场上蒙羞。

芒格的难能可贵之处，就在于不断地学习，从而能在长达 60 年的投研生涯中浴火重生。有没有让自己的研究生涯永葆青春的方法呢？有！最好的方法就是不断地向行业里的年轻人学习。这些年轻人为什么乐意和你交流？因为他们缺人脉、缺阅历。人脉与创新思维的互换，能延长自己的职业寿命。与他人交流自己没有掌握的知识和成果，才能获得推动自己进步的原动力。

另外一个问题是：资管的前中后台，哪个职位转型做研究会很成功？是风控岗位。

研究工作出现的最大问题，就是研究员与基金经理各说各话，研究出来的东西与行情交易存有裂缝。风控做得好的人，对各类基金经理的路数都很熟悉，一定会进行事前和事中风控，也很懂如何和市场对话。研究能否转化成生产力，在于能否听懂市场的语言，能否将市场的语言写进自己的报告。

笔者有位朋友是做风控出身的，对市场的判断非常到位，可惜之后做了基金经理，拿不住单子。风控人为什么拿不住单子呢？原因在于他每天都是战战兢兢的，市场略微一波动，就认为有风险，开始割头寸。实际上，要想在市场上赚到钱，一定要能扛得住必要的行情波动，否则是打了左脸又打右脸，虽然亏不了大钱，但钝刀子割肉，最后只能郁闷隐退。

笔者还在想一个问题：资管的前中后台，哪个职位转型做基金经理容易成功？是优秀的市场经理。

这种回答可能令读者感到十分突兀。很多人认为在资管公司的架构中，市场经理属于很基层的角色。一个优秀的基金经理，在个性方面，必须不仅能在偏与正、邪与恶之间快速转变，还能有效平衡各类因素。那种在做交易方面一定要问清是非黑白的名头很大的研究员，最终极易撞南墙。研究员越优秀，交易成功的障碍就越大。那种做交易出身的，成功概率其实也不高，因为其中大多数人都在研究很小众的东西。笔者知道一个博士一直期望研究出一种"见微知著"的系统，但不愿在K线背后的逻辑研究上下功夫，最终自然无法成功。

优秀的市场经理为什么能取得成功？一是获取的信息比较全面；二是熟悉各个路数的玩法；三是市场做得好的人懂变通。我在上海有一个做市场的朋友，她在跑市场的同时，自己也做交易，在21世纪的第一个10年就挣到了大钱。有很多期货公司的优秀市场总监，转型搞私募并取得成功的例子，就不一一细说了。

如果不是单独做交易或当老板，怎么样才能成功？笔者认为必须具备三个条件，分别是好的老板、好的时机和自我塑造，三者缺一不可。笔者刚开始从事金融投资时，即在恒逸石化的资本运作部门，就有幸同时具备了这三个条件。

邱建林先生作为恒逸石化的老板，宅心仁厚并具有远大的事业心，是第一个真正将人力资本的价值提到无与伦比的高度的人。笔者当时投奔恒逸石化，就是看到当杭州萧山很多大企业还在野蛮生长阶段时，邱先生就已经在给员工盖宿舍楼，且都是按照高规格装修。2007年股市发生了"5·30惨案"，笔者投资失当亏损了3500万元，为此很难入眠。邱先生大手一挥，告诉笔者，本来就已经做好了把给笔者投的一个亿全部亏完的准备，亏掉了一个亿并不会影响企业的运转。所幸，最后笔者赶上了2007年急速冲涨的牛尾巴行情，挣到了185%的收益。

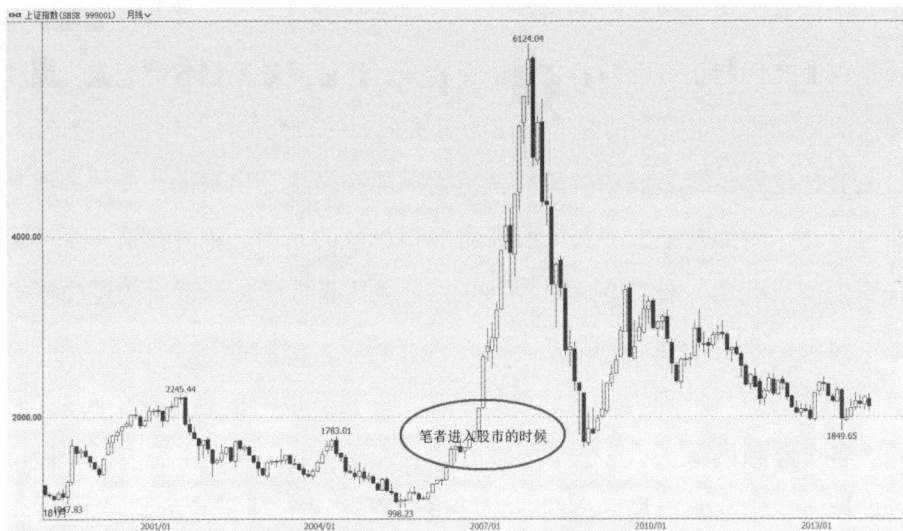

图 2-2　2007 年笔者初入股市时的行情

当时笔者操作的主基调，就是以中国的重工制造为核心展开投资，操作的三步曲分别是钢铁、机械和证券保险。

操作过程要依靠个人努力和聪明才智。在那个时候，笔者就深知金融的本质是信用，信用的本质就是线性外推。2007 年 4 月，大盘位于 3000点附近，平均市盈率是 22 倍，当时钢铁行业的市盈率只有 10 ～ 12 倍，笔者买入就等着投资者来拉升价格。价格拉到位了，市场的平均市盈率上升到 28 倍，此时机械行业的市盈率是 13 ～ 15 倍，笔者还是如法炮制；等大盘涨到 4700 点的时候，市场的平均市盈率上升到 35 倍，而中国平安和中信证券的市盈率只有 22 倍左右，此时笔者就买入了它们。做完了这两笔大单之后，感觉中国的制造业都轮涨了一遍，而大盘已经到 5800 点了。

个人的成功离不开组织，而组织的成功不能没有一位豁达的老板。永安期货人才辈出，离不开那位虽然是职业经理人，但一直有着主人翁精神、宽厚、注重人才培育的领导——施建军先生。碰上资管发展的大好机会，永安期货那时招聘了很多精英，他们很愿意努力，其中涌现出了数位投资大师，而永安期货丰富与完善的基差交易，也成为当时行业的标杆。

个人是时代的作品，也是老板的作品。伟大的老板，才能带出伟大的员工。

第四节　个人：胆识互促才是大智慧

胆识结合，有胆有识。客观来说，识应该在胆前面，只有认识清楚了，才敢去干。因此，提高认知能力，是投资研究的重中之重。认知是有体系的，分为天道、行业规律和行业细节等。而胆也是不是瞎大胆，除了具备基本认知，还要有止损意识，这在后面也会提到。

天道，是指运作永恒一切的道。"天下熙熙，皆为利来；天下攘攘，皆为利往。"这说明逐利是人的天性。物极必反，事物发展到一定阶段必然会出现反转。水往低处流、海纳百川，是大自然的永恒规律。

行业规律，是指行业在运行过程中表现出来的一些表征。例如，供需决定价格，价格反作用于供需，是价格变动的基本规律。当最有效率的供给都发生亏损，那么，该商品基本就具有投资价值了；当最无效率的供给都出现盈利之时，这类商品就应该卖出。基差强与库存降都持续一段时间后，基本可以认定是牛市结构；反之则是熊市结构。这些都是行业规律。

行业细节，是指行业的供给结构、需求结构，以及生产、消费的区域、季节特征、投产周期等。为什么说这些是行业细节？因为这些内容都是经常变化的。

有认知才敢去做事，认知越笃定，则做事越干脆。这就是胆。没有识的胆，是瞎大胆；有识的胆，才是真胆英雄。根据胆识结合，我们可以将人分为先知先觉、不知不觉和后知后觉三类（见图 2-3），在人格建设中，作为投资者，一定要多问自己属于哪一类人。

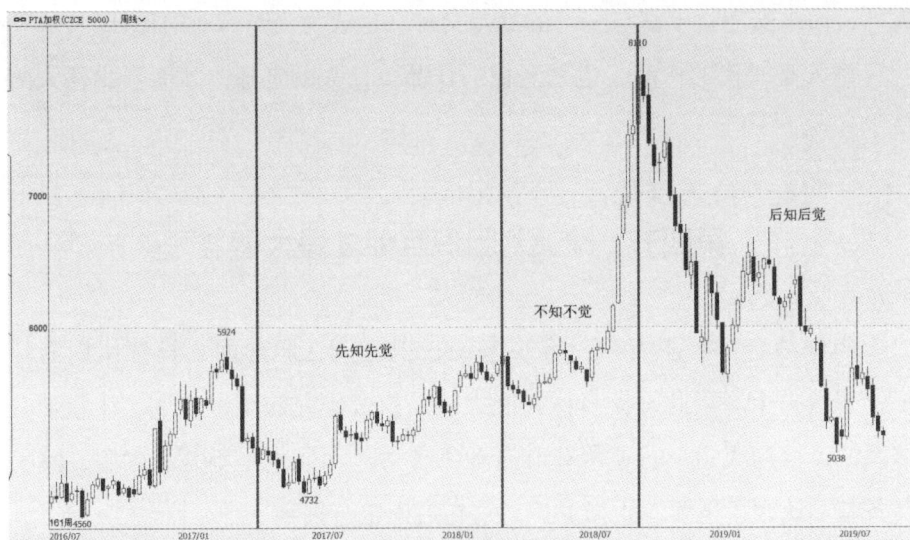

图 2-3　胆识结合的三类人

以 PTA 期货价格为例,来说明投资者的人格分布。能在第一阶段做多的人,属于先知先觉者,肯定是看到了某些别人没有看到的变量,并能持续地坚信。第二阶段,属于不知不觉的,或许过去做空总是不顺,于是跟着图形做多。第三阶段做多的人,是因为看到自己身边的人做多都赚钱了,强大的赚钱效应让他加入做多的行列里来。

金融的本质是信用,信用的表现形式是线性外推。后知后觉者属于典型的线性外推者,是市场风险的主要承担者。我们作为交易参与者,一定要避免自己成为后知后觉者。

| 第三章 | 线性外推 |

第一节　金融的本质

金融的本质是什么？在讨论这个问题时，最有权威的是前美联储主席本·伯南克的著作《金融的本质：伯南克四讲美联储》。透过这部书可以看到，金融的本质就是通过一套货币体系及与之对应的流通、运作体系带来的信用运转过程。

金融的本质是信用。所谓信用，是指在人与人之间、与单位之间和商品交易之间形成的一种相互信任的社会经济关系。而信用的表现形式则是不一样的，有不带杠杆的信用，也有带杠杆的信用，而问题常常出现在带杠杆的信用上。

无杠杆的角色：老板给我钱，我给老板打工，帮老板挣钱。之后，我总结了一套有用的经验后，就能脱离老板，自己独立操作，从而赚到更多的钱。

增加杠杆的角色：银行等金融机构将钱财汇集起来，投放到需要钱的地方去，有钱人借此能挣到更多的钱。

加大杠杆的角色：自己有资本，再汇聚更多的外部资本，挣更多的钱，如上市公司和投资公司。

无杠杆的信用，产生的风险通常也不大。杠杆越大，产生的风险越大。信用风险的集中表现形式，就是线性外推。金融风险的实质，就在于线性外推的过程中出了事情。无论国家、单位还是个人，莫不如此。

第二节　国家机构的线性外推

假设 A 地到 B 地的距离是 1500 米，人步行的速度是 1.25 米 / 秒，平行电梯的速度是 2.5 米 / 秒，从 A 地到 B 地有三种行走方式，见表 3-1。

表 3-1　三种类型行走的速度及时间

行走方式	实际速度 /（米 / 秒）	走完时间 / 秒
第一种：人自己行走	1.25	1200
第二种：人在电梯上行走	3.75	400
第三种：人在电梯上，人静止，电梯行走	2.5	600

假定这里的电梯是系统性环境。按照第二种情况，经济发展的速度或效益是最好的，必然对应着最强的盈利能力，评估机构在进行偿债能力等评估时，也能给予最好的评级。由此在安排国家主权债券的时候，所进行的久期安排和收益率覆盖，都是以此展开。但如系统性环境遭到破坏，速度由 3.75 米 / 秒减为 2.5 米 / 秒，这个国家或政府就会出现资不抵债的情况，甚至被迫破产。

更要命的是，宏观经济环境不允许有任何的闪失。外部债权机构大都会根据最好的状况来评估，累计债务往往超过了实际的负担能力。

这都是线性外推。人类为什么喜欢线性外推？因为人是群居动物，缺乏安全感，都喜欢根据过去来判断未来，不愿意做出超前判断，不太会考虑环境变化而可能导致的不同结果。

2008 年，美国的金融危机爆发之后，欧洲地区的主权债务危机也接踵而至，原因就在于旧有的运营系统遭到破坏。美国等地区的投行借债给希腊、西班牙、葡萄牙等国用于发展经济，其中有两项是旅游业与地产业。美国的金融危机被引爆后，这些欧洲国家的旅游业收入大幅下降，房价下降导致很多外国客户弃房而逃，国家财政收入无法抵消支出，国家主权危机最终爆发。要让这些国家不爆发危机，就只能给其提供巨额资金支持，以偿还到期累计的债务本息。

第三节　个人的线性外推

个人的线性外推，往往是散户投资者失败的根源。假定公司永续存在的状况下，股价的计算公式是：

$$股价 = 每股收益 / 资金成本 \qquad （3.1）$$

要得到股价指标，其实每个环节都需要假设：（1）每股的收益；（2）公司发展面临的机会成本，通常即资金成本；（3）公司永续存在。

事实上，公司的业绩不稳定才是常态，利润或从高往低走，或从低往高走，也可能是稳定的。机会成本在某些时候变化会很大，通货膨胀的时候，公司赚取的收益有可能不如把资金拿去借贷赚得多。当利率平稳之时，公司努力提高回报才变得可行。最后，公司永续存在的假设更是不现实的。中国企业的平均寿命是 3.7 年，而民营企业的平均寿命只有 2.5 年，何谈永续存在？

当大家都相信这个公式时，会发生什么呢？在经济形势好的时候，股价会极力攀升；经济形势差的时候，股价则会一跌再跌。为什么会出现这种情况？

如果经济大势好，公司本身的情况也在好转，企业之间的经济往来开始趋于良性，就表现为每股收益上升，同时机会成本下降。反向考虑，如果经济大势转差，企业本身情况变坏，其他企业的情况也变差，企业业绩下降的同时，周围的信用成本也在上升。

表 3-2 表达了思考问题的一种方式，并通过这种方式找到股价计算的

路径。当然，其中我们要杜绝的某种错误思路是：通过这种估价一定能告诉我们该股票值多少钱。如果这样想并按此行事的话，自己就陷进去了。

表3-2　不同情形下每股收益、资本成本和估值

	每股收益 / 元	资金成本 / 元	估值 / 元
情形 1	5	0.075	66.67
情形 2	7.5	0.05	150

思维的重要性大于估价的重要性。如图 3-1 所示，如果牛市来了，股价有可能会突破 150 元 / 股；熊市来了，则可能会跌破 66.7 元 / 股。聪明的投资者要学会利用"线性外推"法，洞悉人的性格缺陷，而非深陷其中。

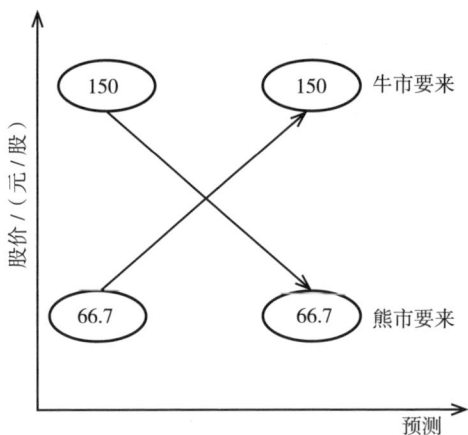

图 3-1　估值预测分析

商品价格的线性外推会更加猛烈，时间短且幅度大（参见表 3-3）。

表3-3　2018 年 PTA 商品某时期数据变化

	2018 年 6 月 29 日	2018 年 8 月 24 日
PTA 现货/（元 / 吨）	5910	9000
TA1809/（元 / 吨）	5850	8476
TA1901/（元 / 吨）	5710	7460
基差 /（元 / 吨）	60	1540

	2018 年 6 月 29 日	2018 年 8 月 24 日
TA1809–TA1901/（元 / 吨）	152	1016
PTA 综合库存 / 吨	749455	376575

从 2018 年 6 月 29 日到当年 8 月 24 日的这段时间，PTA 的基差在变强，综合库存也处于偏低水平，TA91 价差从 140 元 / 吨上升到 1000 元 / 吨。根据线性外推的话，可以买 1901 的 PTA，它是打折了的 PTA，关键是库存很低（见图 3-2）。结果如何呢？

图 3-2　PTA 价格变化

8062 元 / 吨的 TA1901 价格出现在 2018 年 8 月 29 日，然后从高点下来，下跌了 1600 元 / 吨。这就是一路上涨之后的下跌。因基差走强和库存下降，线性外推都是有理有据的，但价格为什么就下来了呢？说明线性外推遇到了问题。分析问题出现的缘由，一是通过强基差下的利润分析；二是通过强基差下的情绪分析。这些都会在后面的章节提到。

第四节　用重置法杜绝过分的线性外推

（一）过分下跌中的重置成本法

2015 年 9 月底，荣盛石化不复盘的价格为 6.53 元 / 股，股本数量是 22.24 亿股，合计市值为 145 亿元。彼时，荣盛石化有 550 万 PTA 权益产能、200 万吨聚酯及加弹产能和 160 万吨 PX 产能（中金石化）。按照成本重置法，550 万吨 PTA 产能需要投资 60 亿元，聚酯需投资 40 亿元，PX 需投资 60 亿元，合计 160 亿元。从装置重置的角度来说，图 3-3 中的交点处往后，说明荣盛石化 6.53 元 / 股的价格已低于重置成本，开始具备显著的投资价值。

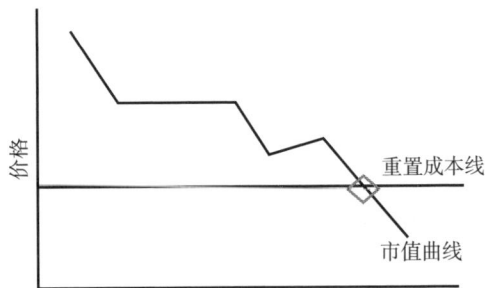

图 3-3　重置成本线—市值曲线

判断具备投资价值与否，必须考虑这几个条件：（1）龙头企业；（2）制造业前景更好，中期产品不会过时；（3）重置成本要进行详细而具体的分拆计算。

（二）商品价格过度上涨中的重置投资回收时间法

一般来说，我们可以用市盈率来表达股价的上涨。按照当下的风险市场回报率 8% 来计算，如零增长的上市公司的市盈率超过 12.5 倍，就属于高估。这个方法在股票市场中好用。那么，商品市场是如何在时间上用重置法来衡量该价格是否合理的呢？方法如下：

（1）按照 8% 的内在回报率计算回收期，静态是 12.5 年。

（2）用价格对应的利润计算年化投资回收期。

（3）在曲线上表示出来，12.5 年以下属于高估，越往下高估得越厉害；反之，则属于低估区域。

计算方式：以 220 万吨的 PTA 产能计算，投资需要 24 亿元。

从 2018 年 8 月中旬到 9 月中旬，PTA 装置投产的动态回收期在一年以内，相当于用完全自备资金投资这种重型资产，一年就能收回成本。这是难以持续的。为此，资产价格要回归，从而使工厂获得合理利润。最终工厂获得了合理利润，回收期也回到 12.5 年左右（见图 3-4）。

图 3-4　重置投资回收时间法

（三）不要拒绝客观存在的"线性外推"

要充分认识 $MV=PQ$ 这个公式。其中 M 是货币，V 是货币的流速，P 是价格，Q 是数量。

（1）货币刺激的初期，市场有大量的货币存在，都是以 $M1$ 的形式存在，这时会有"买买买"的现象出现，价格容易上涨。这时你不能贸然去扑灭泡沫，这样做不但无法如愿，反而会被做多的大军踩踏。

（2）商品一旦形成了固定资产投资，$M1$ 就会固化，并同时出现大量的供给，即 Q，此时你会看到央行还在发放货币，但价格在下跌。对比商品与货币的关系，找到价格下跌的点，主要是看 $M1$ 的变化，$M1$ 的边际供给减少，价格见顶；$M1$ 的绝对供给环比减少，价格大跌。此法则不仅对商品交易有用，对股票交易也同样有用。

（3）货币的流速很重要，但它一定是和监管有关，与整体社会资产的回报率有关。当主要资产的回报率降低，则 V 会降低，当 Q 不变的时候，P 也容易下跌。

必要的"线性外推"一定是有大客观环境、大前提的。高明的投资者善于运用线性外推法，同时避免自己深陷其中。

第五节　这个世界真实吗？

真实永远都是现在时，而非过去时，也非将来时，如何理解这一说法呢？

任何事物的出现，都是"应景"而生，且绝大多数时候很难脱离那个"景"，这就决定了其真实性。不要怪有那么多的"马后炮"，大家都是凡夫俗子。能够脱离这些"景"独立思考，不仅需要丰富的知识，更重要的是需要不断的历练，这种历练绝非嘴巴说说，关键是"行"。

（1）从国家到个人机构的线性外推，我们知道了金融机构的很多数据是动态的，当下看到的都是对的，很怕踏空，很怕成为"异类"，事后却发现都是错的。

（2）会计数据真实吗？不一定。康美药业爆的雷很大，它刷新了大多数人的底线，即 300 亿元现金流也可以造假。会计数据为什么不一定是真实的呢？①会计有很多准则，这些准则是法律规定的，比如说规定折旧年数、库存的处理方法等。②会计政策的规定，给了大家很多的主观能动性去发挥，并预留了众多的操作空间，对你有利的政策你会用，对你不利的政策你不会采用。③会计数据的合并计算，如权益法和成本法，它们真实的区别在哪里？真的有那么重要吗？合并数据的分析中要运用会计估算法，征求专业投资者的意见了吗？④会计机构的审计工作，是否会在追求利益的趋势下操作？是不是雇主给的钱多，就向着内部控制人的利益，否则就向着投资者一点呢？

（3）以色列人尤瓦尔写了两本书:《人类简史》和《未来简史》。他认为，人与动物的根本区别，是人会讲故事，并通过讲故事将众人集中起来。我们由此延伸出的问题是：①故事一定要有真实的内容，否则会被对手攻击，但对故事延伸的内容和"寓理"是否靠谱，就不得而知，这些都要通过未来实际情形的发生来论证；②故事一定要精彩，不精彩的故事就不能聚集一批人。尽管大家知道精彩的细节一定包含虚假的信息，但太真实则容易失去听众。我们很喜欢喧闹的场景，这样才能证明自己的存在，也才能湮没自己的存在。

综上所述，在现实生活中，完全真实的情景是不存在的，相对真实才是我们要追求的境界。我们如何有效地运用好这些东西呢？

（1）背离才是求真的好时机。例如，企业业绩在变好，资金成本维持在低位，但股价因为宏观因素或突发事件出现暴跌，这种下跌到了某个阶段就是假象，无法真实反映企业业绩。

（2）与众不同才能让你少受伤。一张体育彩票的头奖是500万元，有足够强的吸引力，于是很多人都去购买彩票，但中大奖的概率几乎为零。长期来看，证券投资市场类似于体育彩票，能赚到钱的只是极少数，但有多少人愿意承认这个事实呢？不少投资者会吹嘘自己过往的辉煌记录，其实都是假的。大家都愿意谈及自己是如何"过五关斩六将"的，却很少有人乐意提及自己的"败走麦城"。真正的盈利经不起复利的推导，你想想，这些投资者现在有这么多钱吗？

（3）要用数学的思维去理解投资，才能理解金融的本质。在投资的计算公式中，不仅有加减乘除，还有 n 次方和开 n 次方，如不能理解这些，就不要去做投资，不如把钱交给基金管理机构的专家打理。

举例来说：某个投资者在下跌中换了三次股票，每次都是高点买入，亏损 30% 出局，请问这个投资者还剩多少本金？

$$0.7^3=0.343$$

在股市下跌中找强势股藏身，结果亏掉了 65.7% 的本金。

A 股的市场利率下降了 30%，企业盈利因减税及盈利周期上升，提升了 20%，问指数应该有多少涨幅？答案是：

$$1.2/0.7=71.42\%$$

后面章节会提到复利的思路。如果你专心做自己最擅长的投资，每年稳赚 20%，20 年后的盈利倍数会是多少？答案是：

$$1.2^{20} - 1=37.33$$

盈利达到 37.33 倍，数据喜人，但你愿意这样做吗？

很少有人愿意。大多数人都喜欢看热闹，而不喜欢静下心来做如下几件事：

一是静下心来去"狩猎场"，做各种详尽的调查研究工作。

二是将操作的技术方法和工具打造好。

三是做好各种方案，争取不出手则已，一出手必胜。

四是做好应对不利状况的准备，一旦超出自己的承受范围，则"走为上计"。擅长打仗的猎手，都是善于逃跑的。

（4）警惕市场情绪与规则的双重打压。

市场情绪的两个极端，就是极度恐惧和极度贪婪。映射到对资产价格的真实理解，是"贵出如珠玉，贱取如粪土"。我们看到的市场情绪却是相反的，在信心崩溃时，会出现面包价跌破面粉价的现象；而在情绪被极度渲染时，"郁金香"现象会再度出现。

2020 年新冠疫情以来，面包比面粉便宜的现象如下：

①石脑油比原油便宜（见图 3-5 ）。

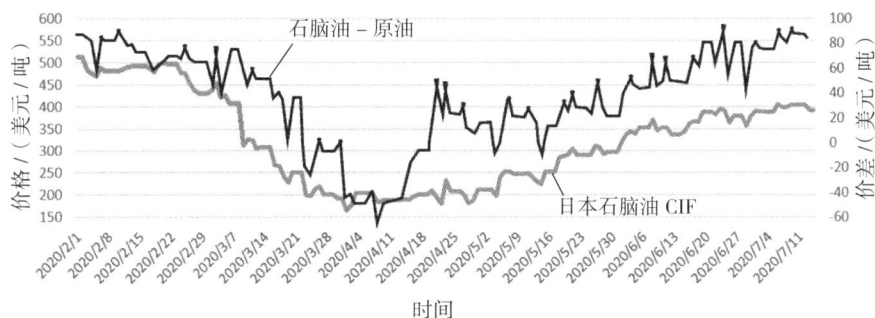

图 3-5　石脑油价差

②PX 已经跌破 219 美元 / 吨的加工费用，行情还在下行（见图 3-6 ）。

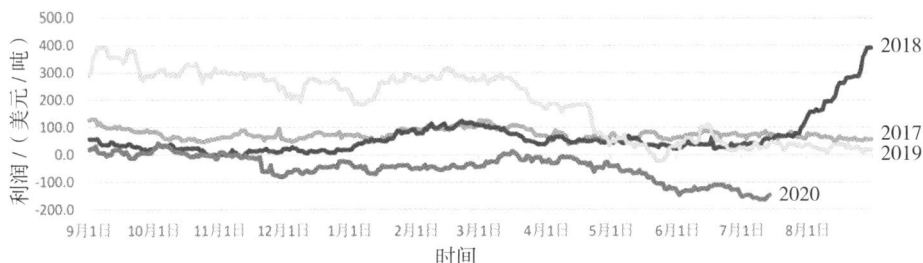

图 3-6　PX 利润（减去 300 美元加工费后）

③MEG 全部工艺流程都亏损（见图 3-7 ）。

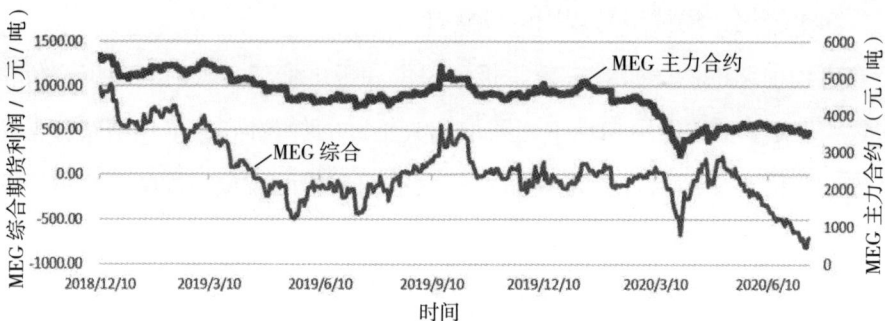

图 3-7　MEG 综合期货利润

关于遵循相关操作规则的问题，在原油出现负值之前，很少有人认真思考过。这是一个很严肃的问题。有人抱怨，交易所在扯淡。实际情况呢？只是这次需求坍塌得太过厉害，供应没有来得及缩减，库存多得没有地方放，最终迫使多头不敢接货，因为接了没有地方存放。在实际的投资交易中，规则十分重要。许多情况虽说没有这次原油事故致命，但确实很容易导致交易失败：

菜油是低标准交割，交割过来的菜油无法达到适用的标准。

天然橡胶期货到交割月只能是 500 吨，致使多头很难组织起像样的行情。

甲醇是低标准交割，而铁矿石是高标准交割。

……

所有的一切，都表明规则是何等的重要。越是在不同品种或不同区域套利，越要认真研究规则，否则很有可能满盘皆输。

请记住，规则是人定的，也很容易被人推翻。

以上列举的 4 点，说明这个世界可能是虚幻的，但似乎又有自己的客观规律可循，这就增加了推理的难度和趣味。

| 第四章 | 关于价值与价格的重新认知 |

看得准、做得对的投资活动，针对的对象是什么？是价格，是投资标的物的价值评估。价值评估是投研工作的核心，包括静态评估活动和动态评估活动。所谓静态，就是评估当前的价格是高估还是低估了，如高估，则提出是否可以做空；如低估，则考虑是否能够做多。而动态评估，则评估价格未来可能演进的方向：高估的价格是立即跌，还是会继续非理性地推涨？低估的价格是立即涨，还是继续非理性地下跌，或是长期在低位盘整？

第一节　定价之"道"

任何一项资产，都可以从公允价值与重置价值两方面计价。

公允价值是该项资产在当前的市场环境下值多少钱，它是以市场的平均水平或同类资产的平均水平来定价的。在这里，公允价值受制于两方面的因素：一是当下市场的景气度高低；二是该项资产自身的质地优劣。

以股票为例，牛市中30倍的市盈率不算高，熊市中即便只有10倍的市盈率，大家还是会担心资产有问题。同样是盈利10亿元的上市公司，牛市时值300亿元，熊市时只能值100亿元。如果这项资产的质地优于行业平均水平，则可以乘上一个比1大的系数；如处于行业平均水平之下，则只能乘以一个比1小的系数。

美国哥伦比亚大学的彭曼教授讲过，在对股票估值时，要规避两种泡

沫：一是所谓的市场气氛，市场气氛只可被利用，不能深陷其中；二是关于
个股的增长故事，个股的增长具有主观性、随机性，取决于行业趋势、企
业家精神及"好日子持续的时间"。而"好日子持续的时间"又是说不清道
不明的事情。

从图4-1可以看到，市场的波动起伏，更多表现为市盈率的变化，是
由公司盈利的真实变化带来市值总规模的变化。"风、帆与心"之间的变
化，更多的是心在变，如心不变，则市盈率变化不大。

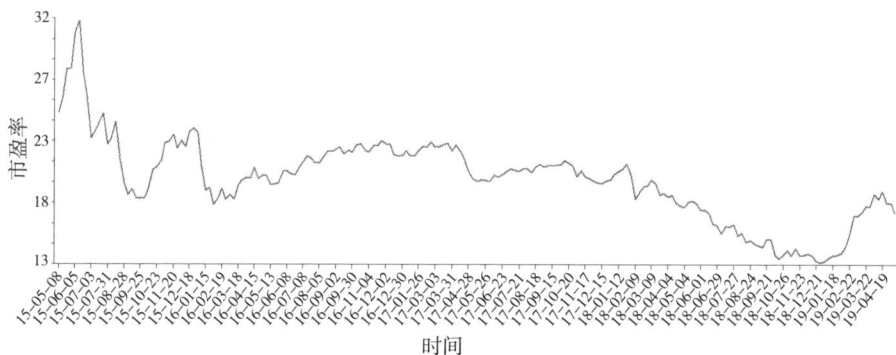

图 4-1　中国 A 股的市盈率走势

通过这个分析，我们明白了公允价值评估的缺陷，即一定时期里企业
盈利的变化不大，但由于外部市场环境的变化，公司市值的波动很大。

如表4-1所示，有些公司的盈利能穿越牛熊周期，盈利由15亿元增
长到18亿元，但市值从375亿元下降到180亿元，这个公司到底是牛市的
时候更有价值，还是熊市时更有价值呢？

表4-1　两种市场的盈利、市盈率和市值

行情	盈利 / 亿元	市盈率 / 倍	市值 / 亿元
牛市	15	25	375 亿
熊市	18	10	180 亿

既然公允价值的评估有这种缺陷，有没有一种方法能很好地弥补这个

缺陷呢? 有,那就是重置价值,或者叫作清算价值。

重置价值,即将该项资产重新构建并使之具有同等的现金流创造的能力所需要的成本。拿这个成本与市值进行比较,则存在着这样一种剖析过程:

(1)如重置价值低于市值,则先放过,不作为优先重点序列考虑。

(2)如重置价值高于市值,则可以作为价值低估考虑。此时要看行业发展趋势、企业在行业中的地位及企业家精神。如果这几方面表现都非常棒,则可以确认价值被严重低估。因此,要判断价值是否被严重低估,不是基于公允价值,而是基于其重置价值而言的。

表4-2是笔者对四家公司的价值评估。

表4-2　2016年12月31日的价值评估

	恒逸石化/亿元	温氏股份/亿元	上海建工/亿元	烟台万华/亿元
重置价值	200	600	350	480
当时市值	245	1450	330	525
2019年5月10日市值	395	1959	350	1322

注:以上重置价值所得数值是笔者的个人观点,并不作为投资决策的依据,也不能作为上市公司本身的评判依据。

有人认为,所谓的重置价值,直接看市净率即可,如市净率低于1,表明重置价值低于市值,否则就高于市值。如单求简便可以考虑这种思路,但会忽略重置价值低于市值的很多公司,因为我们的净资产的价值,在会计的资产计价上几乎都是按照历史价值或原始价值来确定,并没有考虑该资产进入公司后,因地产增值、物流价值等发生的变化。

如重置价值低于市值,要考虑三个方面,即行业发展趋势、该企业在行业中的地位及企业家精神,三者变化带来的"积分效果"是令人震惊的。

例如,海天味业与加加食品的主营业务都是做调味品,两公司的市值之比从最低的 8.67 倍上升到 55 倍以上（见图 4-2），为什么会出现这种情况？原因如下：

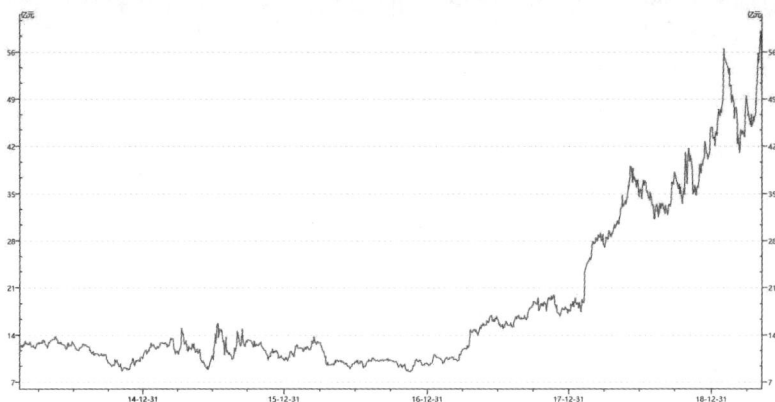

图 4-2　海天味业总市值 / 加加食品总市值变动

第一，行业发展的集中趋势更加明显，大企业只要认真干，就能获得更大的市场份额。

第二，海天是行业龙头，加加不是。

第三，海天一直坚持主业，加加不断地偏离主业去搞并购和主业外的发展。

2017 年海天开始与加加比，经历了近三年的沉淀，两者的劈叉变得越发厉害。

综上所述，公允价值是可以加以利用的，重置价值则是可以依靠的。

第二节　定价之"术"

以上是定价的"道"，解决了资产价值评估的问题。而定价的"术"，则是定价的时机，即投资操作的切入点问题。

(一) 量与价

刚开始放量时一定是上涨或下跌开始的中继点，至少不是结束。涨跌势进行到一定阶段，如出现地量，则趋势往往会被破坏，甚至可能是逆转。

图4-3是螺纹钢期货价格指数的走势图。画圈部分表示的是一次放量和二次放量的时间点，从此前的地量开始放量，往往表达下跌的势头结束，升势有可能展开。但任何一种理论都是有运作边界的，量价理论也并非在任何状况下都很灵验。

图4-3　螺纹钢期货价格指数走势

在成交量不断刷新之时，上证指数也在不断地创出新低（见图4-4）。如果2018年时投资者根据量能不断出新低做出买入动作，亏损幅度还是很大的。

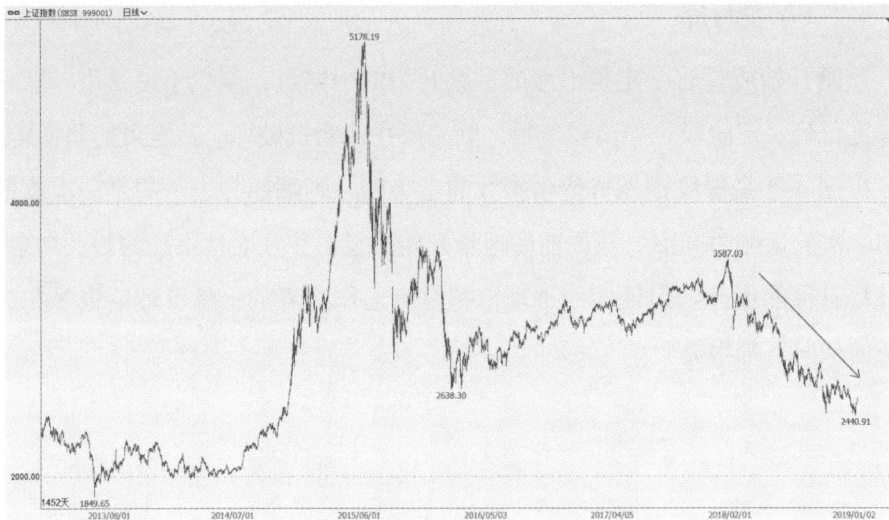

图 4-4　上证指数走势

　　运用量价理论分析定价时，专业投资者会等地量出现后，持续放量一段时间再进去交易，这样会更安全一些。

（二）模型定价

　　股票超卖了，则会涨；股票超买了，则会跌。根据超买超卖指标制定的价格波动模型，就属于模型定价。在量化分析中，有类机构是围绕行业基本面的指标设定模型，用于价格发现。如上海某家投资机构用库存和基差作为量化分析的基础，据说做得还不错。笔者在后面也会提到用库存和基差作为判断牛熊市的方法。

表 4-2　基于库存和基差的牛熊市判别法

库存　　　　基差	正	负
升		熊市
降	牛市	

　　要用好这一模型定价法，必须抓住两点：一是时间。要给予牛市与熊

市一定的时间，经验值大致是 3 ～ 6 个月。在这个时间若能持续保持状态，结构就是稳定的。二是谨防转折点的到来。强基差和极低库存的情况，要当心什么时候反转过来。极弱基差和极高库存时也要当心边际变化会到来。

（三）规律定价

天道、供需关系、行业季节性特点及行情细节，都是用某种运营规律来定价，都可以作为产品定价的方法。

如天道，物极必反，价格涨到了无法理解的程度，必然会暴跌；价格跌到了极低，则会逆转上扬。

再如供需关系，供过于求，价格会下跌；供不应求，价格必然上涨。

又如行业季节性的特点：到了冬季，取暖用天然气与甲醇用天然气形成竞争关系，甲醇价格容易上涨；到了春夏季节，纺织会迎来备货的旺季，棉花价格容易上涨。

贵州茅台股价的最终宿命，形象地表达了物极必反的道理。再好的东西，太贵了也不好；再不好的东西，只要其有一定的使用价值，就有一定的投资价值（参考图 4-5）。

图 4-5　贵州茅台股价变化

在每一轮股市牛市的顶峰，一定是反映那个时代主题的股票出现了无法想象的泡沫的时候。这个定律似乎在股市中经常看到。（1）2007年的大牛市，是以钢铁、机械股的超大规模市值出现而结束；（2）2015年的大牛市，则是以"互联网+"的超预期市值出现而结束；（3）2018年的股市春天，则是以白马股、龙头股的非理性繁荣而宣告结束。

下一轮的中国牛市会如何演绎？只要坚持改革开放和市场经济，就必然会有股市，这个是大前提。这个大前提成立，中美贸易大战让我们的经济发展模式再度回到"科技是第一生产力"上来，科技板块就是引领者。牛市的癫狂状态，一定是以有代表性的科创公司出现了某种无法想象的市值规模而结束。

（四）规则定价

基于交割规则的期现回归，是规则定价的重要方面。如期货与现货的价差太大，到时候期货会向现货回归。如期货价格高于现货价格，期货价格会通过下跌来实现平衡；如果期货价格低于现货价格，则期货价格会通过上涨来实现平衡。这里操作难度较大的是，期货与现货的价格都是动态的，而非水平状态的回归。图4-6和图4-7的内容是矛盾的，螺纹钢的周K线是下跌形态，但因为基差太大，以至于到期持期货多头的收益是上升的，做空的安全边际很弱。图4-6的矛盾在于：期现定价，现货4270元/吨，期货贴水400元/吨；但如果看周K线，其似乎在呈右肩下跌态势。图4-7的矛盾在于：期现定价，现货4270元/吨，期货贴水400元/吨；但如果看周K线，其似乎就在呈右肩下跌态势。

图 4-6 螺纹钢 2001 周 K 线

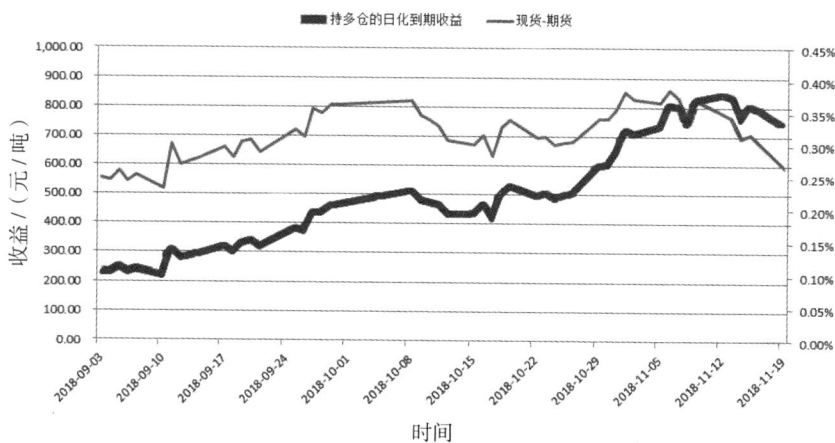

图 4-7 持多仓的日化到期收益和现货、期货对比

如果交割规则中对交割品的要求过于苛刻，有的行情也会因此而引发。如 2018 年 7 月中旬再度爆发的苹果行情，据说就是有投资者收了很多苹果拿去交割，但符合交割标准的不到 10%，从而引发了市场对"钱比货多"的联想。

（五）时空定价

表 4-3 表达的是投资者在成长过程中的状态表现。假定我们已经进入证券操作的高级状态，通过详尽的模型分析，认为价格已经高估，如螺纹钢，且认为螺纹钢一定会跌到 3000 元 / 吨以内，从时间概念来看，则需要考虑：哪一个合约会跌到 3000 元 / 吨？它出现的时间特征又是什么？这就需要做好预测，可以参考图 4-8 中的螺纹钢价格。

表 4-3　不同投资者状态下的时空定价模式

投资者状态	表现形式	操作特点
初级	不问时间，不问空间	听从消息型
中级	看空间，不问时间	进入分析型
高级	既看空间，更问时间	进入交易型

序	名称	最新	现手	买价	卖价	买量	卖量	成交量	涨跌	持仓量	仓差	结算价
148	螺纹主力	3884	122	3884	3885	54	927	3810154	-17	2279810	-98314	3911
149	螺纹1812	4297	2	4287	4302	1	1	506	-11	1274	-166	4317
150	螺纹1901	3884	122	3884	3885	54	927	3810154	-17	2279810	-98314	3911
151	螺纹1902	3664	2	3658	3677		2	966	-16	6532	42	3691
152	螺纹1903	3601	2	3605	3620	1	164	-4	5160	30	3627
153	螺纹1904	3587	2	3578	3627	8	1	96	-5	974	30	3593
154	螺纹1905	3512	12	3512	3513	59	32	744798	-2	1242744	44742	3523
155	螺纹1906	3486	2	3440	3688	1	2	56	-21	1644	-12	3493
156	螺纹1907	3476	8	3232	3650	1	3	22	1	2312	6	3476
157	螺纹1908	3456	2	3369	3483	1	1	8	6	1584	0	3474
158	螺纹1909	3437	4	3418	3440	2	1	318	16	3518	62	3431
159	螺纹1910	3361	2	3360	3363	16	2	55852	2	172216	-2388	3368
160	螺纹1911	3342	4	3323	3340	1	2	68	-17	38	38	3335

图 4-8　螺纹钢价格（2018 年 11 月 16 日）

上述所有的合约都高于 3000 元 / 吨（2018 年 11 月 16 日）。螺纹 1905 收盘于 3512 元 / 吨，比螺纹 1901 贴水 372 元 / 吨；螺纹 1910 合约收盘于 3361 元 / 吨，比螺纹 1905 贴水 151 元 / 吨。螺纹 1905 合约对应的是"金三银四"的开工旺季，螺纹 1910 合约对应的是"金九银十"的施工旺季。如开工不及预期，则施工会更加不及预期。那么，螺纹 1901 对应房地产周期的赶工预期，能否做到下年的 1 月份？如能做到，期货跌到 3000 元 / 吨，螺纹 1901 这个合约就可能实现不了。

第三节　价格分析：价值是一种"理想"

价值是供需出清时所对应的价格，这个价格可能是一个点，也可能处于很小的弹性区间。价格是由边际供需所决定的，是资产价值的货币体现。价值是供需总量彻底平衡时的货币表现。

基于此，我们在价值发现和运用的过程中，更多的是要考虑价格的表现方式，并由此来制定相关的投资方案，避免过于拘泥于价值的做法。

价格是由边际供需决定的，这使市场状况往往并不理想，即我们所认为的完全竞争性的市场，只是活生生的"人化"的体现。

（1）主力会利用供需平衡表来影响价格。分析师通过分析得出"供大于需"的结论，如 2019 年 5 月份 PTA 多出了 10 万吨，PTA 市场主力在现货市场收购了 20 万吨货物，此时市场的实际感受不是多出了 10 万吨，而是少了 10 万吨，对欲买货物来实现交割的期货空头主力来说，足额现货是不容易买到的，从而引导了市场价格的上涨。反之，如当月供应比当月的需求少了 10 万吨，有人认为价格会涨，但市场主力释放 15 万吨库存后，市场上的货物反而多出了 5 万吨。

（2）价格在运行过程中，容易跌过头，也容易涨过头，不要轻易认为市场是完全理性的。如果市场一直处于合理状态，即现行价格充分无误地反映了任何时候的一切信息，此时就没有发生交易的必要了。为此，我们认为市场的价格大多是错误的，但我们不能简单地去纠错，一定要等到情绪达到极点或等情绪充分释放之后，再做相反的操作。

图 4-9 中，PTA 价格在 6000 元 / 吨是合理的，反映了它的真实价值，其他市场价格都是随机出现，并围绕 6000 元 / 吨上下波动。尽管其他价格

表现是随机发生的，但它的波动则是常态，价格曲线触碰到 6000 元 / 吨的情况只有几次。

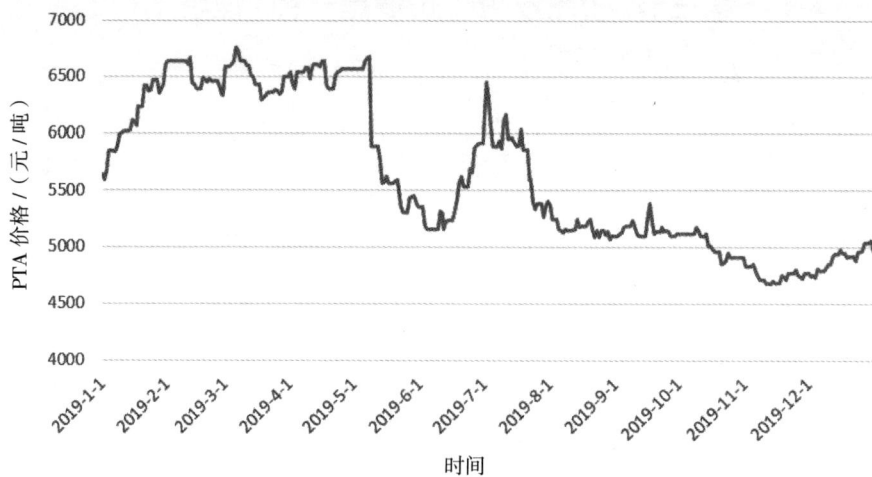

图 4-9　PTA 价格变化

第二篇

从不确定中提炼确定性

• 如何让自己在投资事业中永葆青春？光靠勤奋努力是不够的，还得看自己结交的朋友，人才是最好的智慧来源。要向比自己年轻的人学习，向比自己优秀的人学习，杜绝平庸的交友之道。

• 框架的搭建？期望研究走向成功，交易走向成功，或者研究和交易同时走向成功，就必须很努力地做一些市场销售工作，不能浅尝辄止，切莫从卖方到买方。做过市场销售之后，交易研究框架不但能高屋建瓴，更重要的是立在当下。

• 宏观与中观产业研究，很容易拾人牙慧，好看但不中用。重要的是结构之法，事物之间的根本不同，起源于结构，终止于形态。形态是结果，要关注结构研究。

• 一切都是周期，成功来自周期，失败是不愿意承认周期。认识到这一点已经很难，但对周期中的节奏把握更难。

• 损益规律？做交易前要充分预估概率和赔率，很多人愿意听各类消息，更多的是相信名人赚钱的概率，但忽略了赔率。而卖方太相信自己的研究结果，死结在于高看赔率，却忽略了成功的概率。

• 选择认识不确定性最好的办法，就是痛痛快快承认错误，开开心心重新开始。

| 第五章 | 新研究框架 |

笔者做了 10 年的投研交易工作，又做了两年多的基金销售工作，认为研究分析的框架既要高屋建瓴，又要全面细致，还要在所跟踪之处都能做到数据指标化。活在这个时代，研究工作就必须结合时代特点，把握住这个时代。这就叫作格局优先。新研究框架所需的四大要素见图 5-1。

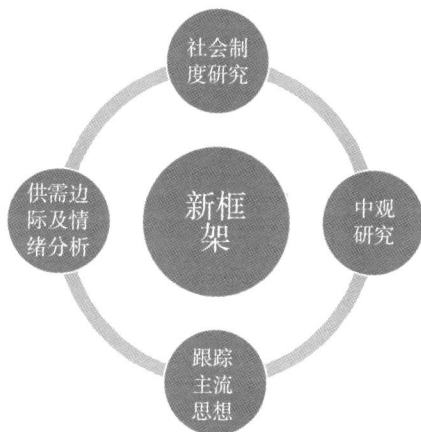

图 5-1 新研究框架所需四大要素

（一）社会制度

社会制度是指规范人们生产、生活的一系列规定之和，包括政治、经济和军事等各个方面。社会制度会对经济走势产生深远的影响。我们可能对政治和经济研究得多一点，但很难把握其中的主线。

举例来说，我们每天都听到各种新闻，如国家对建材领域的供给侧改革，导致煤炭、钢材、水泥、焦炭等产能的收缩。国家对房地产业与基建的托底政策，使之对建材的需求一直不减弱，螺纹钢等才有了今天如此强劲的走势。

从图 5-2 可以看出，供给侧改革以来，动力煤的产量受各种政策因素的影响，产能得到了有效控制，2019 年的动力煤产量甚至低于 2015 年。

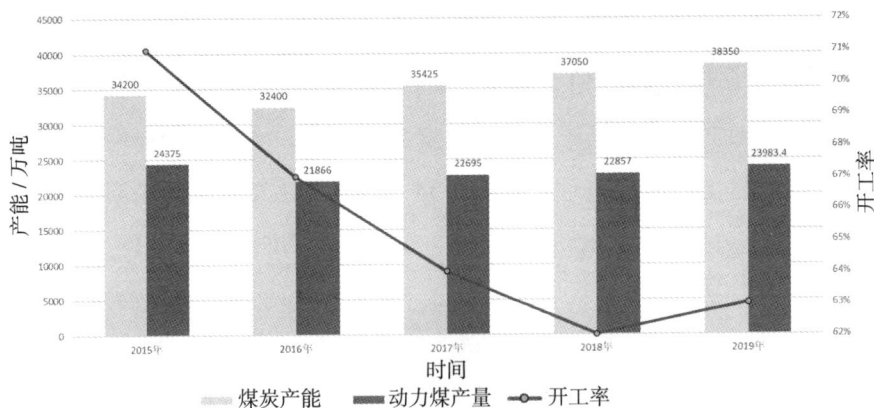

图 5-2　动力煤历年产量变化

另外，美国为什么会频频爆发社会动乱，美国的新冠疫情为何是全球最为严重的？关键在于特朗普推行的"美国优先"的新政治。特朗普是商人出身，习惯于讲求经济利益的最大化，殊不知国家、社会的管理，更多的是追求各关联方的利益平衡，而非一刀切地满足单方面利益诉求。特朗普上台后，给美国的经济社会带来的是更多的不确定性，由此引发了整个世界的动荡不安，结果可想而知。

制度研究对交易指导的优点在于：能把握大机会，具有综合作战的能力。其劣势在于见效慢，对短期交易的指导意义不大。另外，制度研究的难度较大，不是一般机构所能驾驭。

（二）中观产业研究

交易上追求超短线，个股购买上是左一巴掌右一巴掌，没有章法，原因都可能是没有明白中观问题。举例来说:(1)纺织行业经过30年的发展,化纤逐步取代天然纤维成为主要的纺织原料。(2)从2016年开始,甲醇的主要下游产品逐步从甲醛转为聚烯烃,到2020年,聚烯烃对甲醇的需求占到50%左右。(3)橡胶行业方面,近5年来,合成胶的规模已经超过了天然橡胶,并起到决定性作用。(4)光伏产业开始盈利了,发电效率已经能同动力煤发电媲美。

这些方面,如果没有做好中观产业的研究,则极容易出现这样或那样的问题,让交易不得其法。而交易过于短期化,要想取得好的成绩,几乎是不可能的。

PX–PTA–PET产业链也发生了很大变化。PX 3年增加了1300万吨的产能,且都来自中国。这样一来,中国PX的供给距离完全自足已经不远了。PX的加工费破了历史低点229美元/吨后,还将继续下探150美元/吨的点位(见图5–3)。如果没有深入做中国研究,则极易在PX加工费破229美元/吨的位置,重仓去做买PX卖石脑油的操作,其结果肯定是亏损巨大。

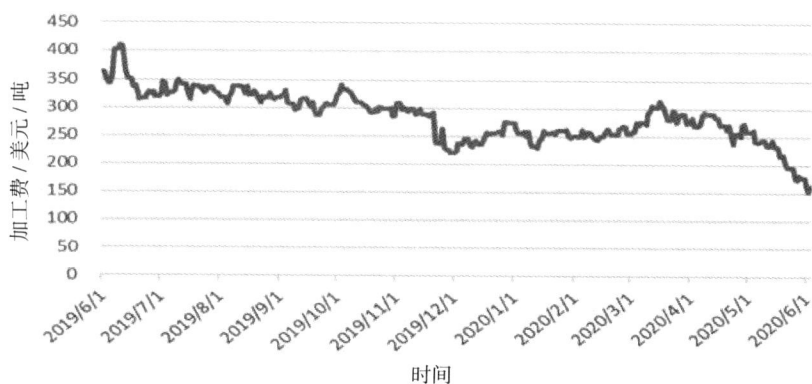

图5–3　PX加工费走势

中观研究可以图5-4作为抓手进行。

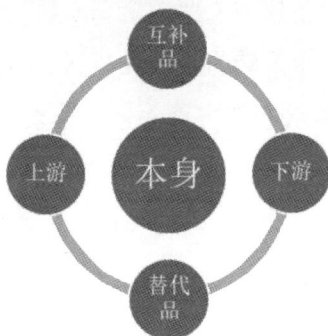

图 5-4　中观研究角度切入

（三）供需边际与情绪分析

供需边际与情绪分析，更加着重于行情的分析。供需边际分析，是在供需总量确定的情况下，对影响供与需的单变量因素进行分析，以便找出其所具有的矛盾点（见表5-1）。

表 5-1　供需边际分析

情形类别	边际变化	总体：供＞需	总体：供＜需
1	供应增加、需求增加	价格波动不确定	价格波动不确定
2	供应增加、需求减少	戴维斯双杀：加速下跌	价格可能会转跌
3	供应减少、需求减少	价格波动不确定	价格波动不确定
4	供应减少、需求增加	价格可能会转涨	戴维斯双杀：加速上涨

情绪分析则要思考的是，你看到的行情，其他投资者是否也能看到？看到的比例有多高？这决定了行情的大小。如果你持续看多，整个市场上大家都在看多，这个行情可能并没有太大发展空间；反之亦然。

（四）跟踪主流思想

最初用于投资方面的哲学，是关于货币的时间价值理论。这是指，如果钱今天不用，移到明天或明年及更远的时间来用，需要得到一定的补充，这个补充就是各种期限的利息。然而，随着欧洲首先出现了负利率，货币时间价值的理论出现坍塌。另外，随这一理论崩溃而来的，是"美林时钟"转得比电风扇还快。就这样，所谓的理论被一些原则性的东西所取代：

（1）巴菲特的贪婪与恐惧理论，似乎一直都有用。

（2）瑞·达里奥的《原则》与《债务危机》两本书中提出的原则，虽说他在 2020 年可能受到了一点挫折，但桥水基金的粉丝们受伤更严重。

（3）黑色基金的苏世民撰写的《苏世民：我的经验与教训》，列举了 25 条工作原则，被很多投资者关注。

关注这些主流思想，就是要让自己懂得当下的重点投资价值是什么。为此，要有清醒的大脑，要清楚"盛名之下，其实难副"。理论或原则上的漏洞，有可能预示着前所未有的投资机遇。

| 第六章 | 宏观视角的研究 |

第一节　格局优先

如果宏观格局和视野过窄，在做出各种预测之时，一定会出大事情。如对中美贸易战的分析与研判，很多经济学家单单从经济学的视角出发，对此做了错误预判，原因就在于没有对中美贸易争端的实质，以及两国的宏观的经济、社会、政治、军事的状况等，做出全方位的分析和评判。经济学的分析是基本的，对其他相关事项的全面评判更是不可或缺。

$$经济发展的公式 = F（劳动力，资源，资本，企业家创新）\qquad（6.1）$$

理解了上述公式，就会理解中国经济体制改革与发展的大部分情形。比如，我们在经济体制改革开放的初期，期望快速发展经济，就必须获得国内短缺的石油、设备和巨量的资本，为此必须有美元等硬通货。中国经济在那个时候很贫弱，人民币对外没有太多的公信力，不是自己想发行多少就发行多少，并能在国际市场上随意购买东西。如何才能获得美元？必须打开国门，引进外资来中国设厂，依靠出卖廉价的劳动力来获得宝贵的美元。

笔者在青少年时代听得最多的是，中国怎么这么傻，我们卖给美国的东西为何都是亏本的？没有办法，那个时候只能将国内富余而又廉价的劳动力换成美元，再用美元来购买所需要的各种资源和设备，用于发展中国经济。现在，我们看到城市的高楼大厦、遍布全国大地的高铁网及机场，都是中国人用两代劳动力的辛勤劳动换来的。

从图 6-1 可以看出，2001 年可以作为划时代的一年。这一年中国加入了 WTO，成为名副其实的世界工厂，国内低廉、高效的工业品开始畅通无阻地走出国门，为世界各国所喜爱。与此同时，中国的贸易顺差和外汇储备也在不断创出新高。

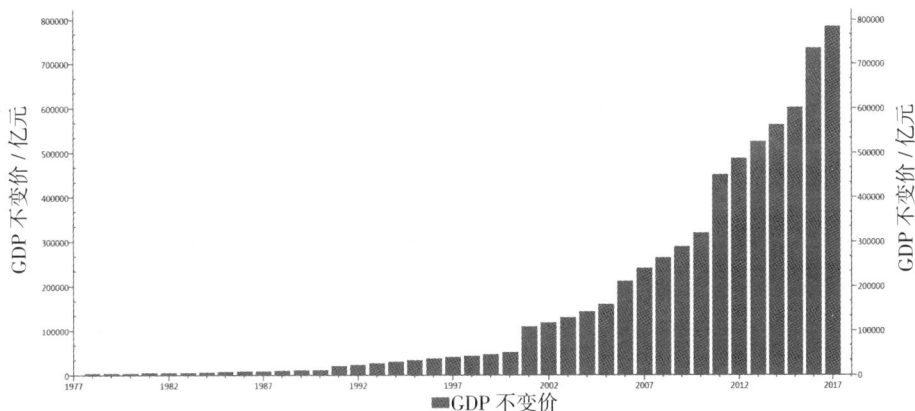

图 6-1　GDP 不变价逐年变化

从图 6-2 可以看出，中国经济在 2001 年之后的长足发展，是与加入 WTO 密切相关的。大量的贸易顺差产生了巨额的美元盈余，拿着这些美元可以自主随意地购入所需要的资源、设备，从而发展我国的经济。但是，该图也暴露出一个问题，即从 2015 年开始，中国的贸易顺差开始逐步下降，而这正是欧美经济复苏的阶段。而中国依赖于劳动力成本优势的传统产业，逐步开始缺乏竞争力。

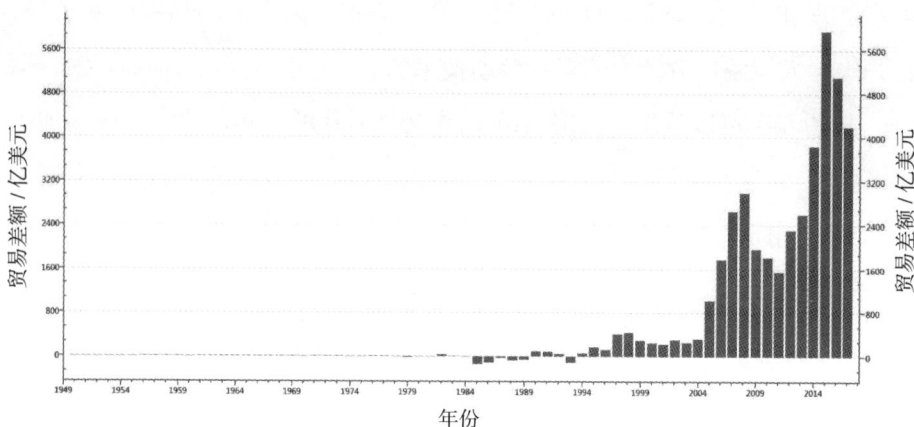

图 6-2　中国贸易差额逐年变化

纯粹依赖拼劳动力赚美元搞建设的套路，在国际市场上的边际竞争力日益下滑。我们需要寻找新的出路。新的出路在哪里？还得从式 6.1 中寻找答案。

劳动力的边际效益下降，要从资本、资源和企业家创新等层面寻找出路。继续廉价出售矿产资源是不可行的，中国除稀土资源外，其他资源其实是十分匮乏的。资本？中国积累了大量的技术和经验，可以实现产业转移。另外，就是要在企业家创新方面下大功夫。我国政府在之前的策略是不全面的，片面认为国家出政策就是创新。企业家创新，首先要有一批企业家。国家需出台的政策，尽可能地减少对整体经济运营的干扰。

2018 年是改革开放 40 周年，中国提出了 2025 制造业计划。美国害怕中国在企业家创新方面会下大功夫，对此计划的执行予以各种干扰。美国希望看到的是一个只会干活、提供各种廉价品的中国，而非日益觉醒、强大，产品品质快速改善提升的中国。故此，中美之间的争端是世纪性的，关系到两国的国运乃至全世界格局。所谓世纪争端，在短期内是无法解决的，一定要在最终彻底地分出胜负。但在一定状况下，经过双方的努力，争端会得到一定程度的缓解。这种缓解也是双方因形势所需，而非为了彻底解决问题。

我国提出经济转型和产业结构调整，是很有道理的。但笔者认为，提出这些决策的理由，政府并没有很好地向老百姓说清楚。我们过去是依靠廉价劳动力和做大对外贸易的量，来获得长足的进步，现在这一模式的边际效益已经大幅降低，甚至降到了零以下。经济转型就是寻找新的生产要素优势来发展经济。为实现这一点，必须做到：

（1）绑住金融和地产这条腿。过去房地产赚钱太容易了，没有几个企业家安心搞经营，都想到房地产上捞一把。由于投机过度，某些部门怕"刚兑"导致的系统性风险，每到"危机时刻"还要出来帮助"坏孩子"，助长了这种不思进取的风气。

（2）创新，政府不能只出政策，而是要创造公平、公正和自由的营商环境。只有这样，才能培养出一大批卓越的企业家，创新才有可能大量、高效地出现。

以上讨论的是国民经济的大格局，围绕着这些格局，我们要思考的大问题如下：

（1）人民币汇率问题。经济强大起来了，推行人民币国际化势在必行，但要讲求"度"和"势"，否则，效果很可能适得其反。

（2）老路还得再走一段，但新路必须马上开拓。老路要走得精彩，必须在产品的品质上动脑筋，要避免与越南等国直接拼劳动力。新路开拓，必须学习李冰父子修建都江堰的经验：一边防洪，一边灌溉。防洪，就是防资产泡沫；灌溉，是因为创新方面太缺钱了，需要加大投资力度。一边钱太多，一边缺少资金。政府应该提出解决这种矛盾的政策。

这两点是联动的。创新经济出现之前，人民币汇率推得越厉害，货币贬值的预期就会越强烈。只有先创新经济，之后再推人民币升值，以此循环往复。这样做还有一个好处，就是继续尊崇美元的老大地位不变，这样不会让美国过度敏感，乃至引起反感。在我国经济还不够强大之前，我们还需要美国和美元为我们背书。

图 6-3　货币乘数（M2/ 基础货币）的变化

第二节　重视分类

投资方向的变化，往往是产业结构的变化在先。观察投资方向的变化，往往是通过观察产业结构的变化来进行。当产业结构变化到一定阶段，才会引发投资方向的改变。

（一）投资、消费和进出口净额的"三驾马车"的分析

宏观经济分类中，我们往往过多地注重各个指标数据的真实性，而忽略了数据指标之间的逻辑关系。投资、消费和进出口净额，虽然投资排在前面，但实际上应该是进出口净额在前，其次是投资，最后是消费。根据第一部分的分析，如遇到了金融危机，出口受阻，外汇盈余减少，势必会影响国内的货币供给，从而影响进口，进而影响到投资。投资增速下滑，企业开工不足，失业率增加，从而影响到大众消费。在创新型经济还没有

建成之前，坚持出口导向对产业结构影响的分析，是成效显著的。

再回到数据的真实性，进出口数据的统计相对简单，统计成分多，估计成分少，与之相对应的数据，则有外汇占款、外汇储备等数据，容易取得。

图 6-4 是南华工业指数与房地产累计开工的比较，我们从中发现，两者存在着趋势上的一致性。

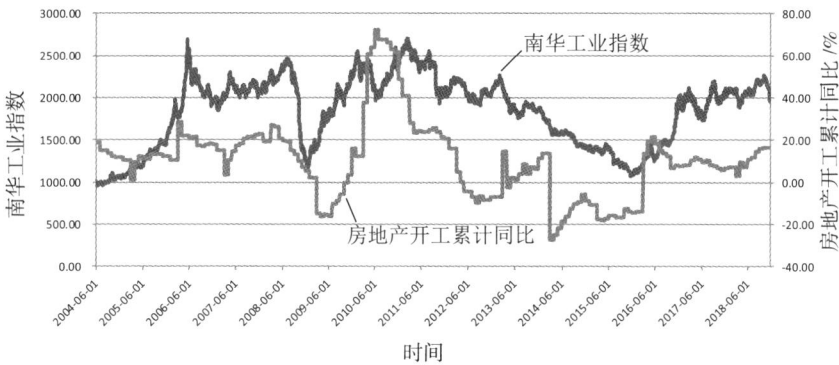

图 6-4　南华工业指数和房地产开工累计同比对比

从图 6-5 中，我们同样发现，南华综合指数与进出口累计同比两者之间的趋势存在着一致性。

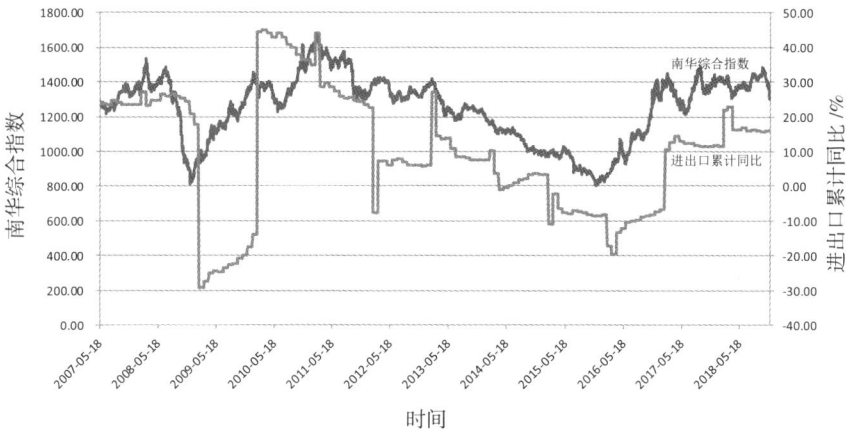

图 6-5　南华综合指数与进出口累计同比对比

上面两幅图，从不同的侧面反映了宏观经济指标与商品期货价格指数的关系：

（1）房地产是投资的大头。每次经济调控都离不开房地产。经济景气下行，给房地产松绑，房地产投资加大，以黑色为主体的工业价格指数上涨；经济景气指数上行，如房地产业的发展遭到压制，各种限购限贷政策相继出台，以黑色金属为主体的工业价格指数只能下行。

（2）进出口不仅影响货币供给，也影响商品的需求。如出口累计同比增加较多，会带来外汇占款的增加，货币供应增加，国内商品的供给需求会相对偏紧。反之，如出口下行，则会带来货币供应收缩及商品需求的减弱，从而带来整体价格指数的走弱。

从 2019 年开始，我国的产业结构已经出现了根本性的变化：

（1）投资方面，房地产投资让位于以技术创新为主的制造业投资。

（2）出口创汇让位于国内消费升级及人民币的国际化之路（见图 6-6）。

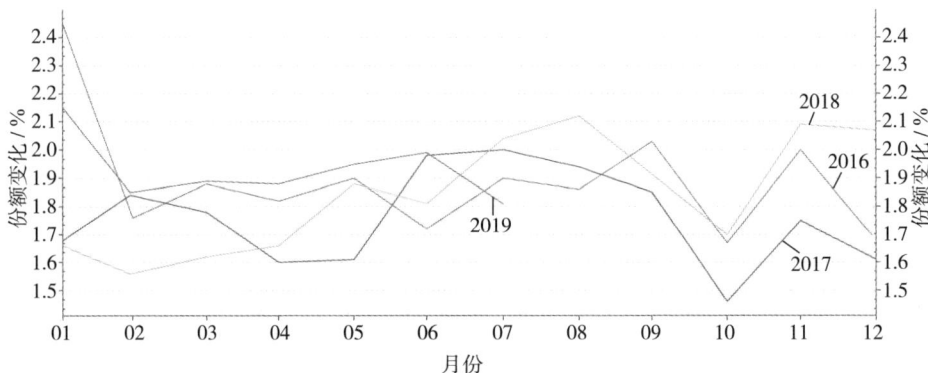

图 6-6　人民币国际支付：全球市场份额变化

这种变化又会带来资本投资工具及产业结构的变化：

（1）投资主导型的经济发展模型会弱化，资金出现富余，并进入权益性资本市场。

（2）人民币的波动加剧。一个新型经济体由大到强的漫长演进路途中，必然会遇到种种的不确知因素，持有人民币的市场参与者，对未来的信心是会发生动摇的。

人民币国际化的历程，必然是人民币持续升值的过程。2016 年以来，由于人民币的双向波动，人民币支付在国际支付中的比重，一直维持在 1.5% ～ 2%。

综上所述，未来国内的消费与创新，必然会位于新的高地，这是从三驾马车分析得出的结论（见图 6-7）。

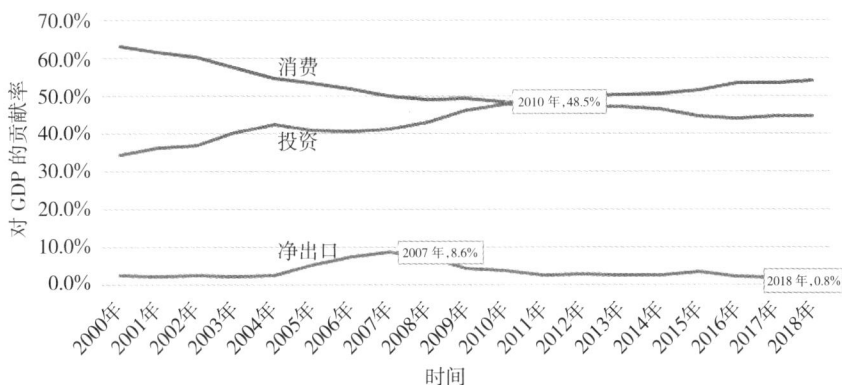

图 6-7　按支出计算"三驾马车"对 GDP 的贡献比例

2001 年，我国加入 WTO，净出口额对国民经济的贡献由 2.4% 一直上升到 2007 年的 8.6%，之后贡献度开始降低，到 2018 年底降低至 0.8%。从 2001 年起，消费对经济的贡献由 63.3% 下降到 2010 年的 48.5%；而投资对经济的贡献大放异彩，从 34.3% 上升到 48%。2010—2011 年的交叉点之后，消费对国民经济的贡献比例开始逐步上升，投资对经济的贡献比例则在稳步下降。现在的问题是：

（1）消费对经济的贡献比例能否恢复到 2000 年的高峰？

（2）净出口额占 GDP 的份额，会否重新出现反弹？

根据 2019 年第二季度的宏观数据，最终的消费支出有所下降，而净出口对经济的贡献反而上升，这与人们的直观感受是不一样的。2018年上半年，消费支出对拉动经济的贡献是5.3%，2020年则是3.8%；2019年净出口的贡献度为 –0.7%，2020年是正向贡献，该数值回升到1.3%。净出口数据统计的结果见图6-8。

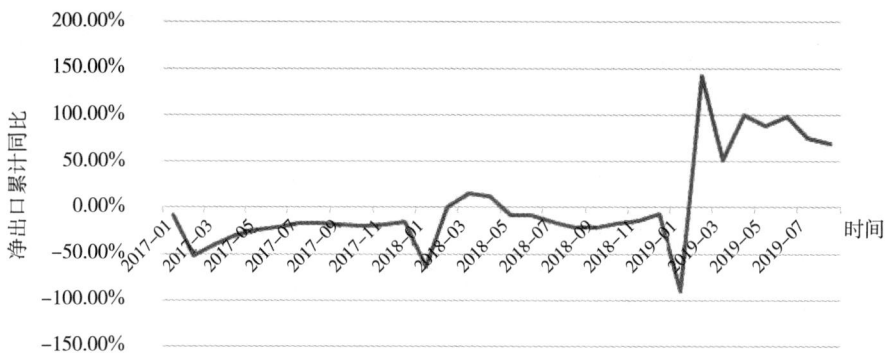

图6-8　净出口累计同比

在外部经济方面，2017年和2018年累计同比都在0以下，而2019年的特征则比较明显，就是增长显著。为什么会出现这种情况？原因可能是尽管有关税壁垒，但年初减税、人民币贬值等措施出台，使净出口的发展顺风顺水。

（二）工业生产的供需关系

制造业是供给，房地产和基建投资同比表达的则是需求。将它们的综合结果与制造业的表现做差额处理，又可分为两个视角来观察：一是0上和0下，二是向上与向下。

从2009年6月到2011年1月，数据虽然向下，但仍处在零以上，从宏观经济的角度看，经济整体表现为供不应求，但供不应求的程度在逐步减弱。这个时候的商品价格出现了新一轮的暴涨，股票市场也出现了一些反弹。描述大宗商品综合行情的文华商品指数，则从100点附近上涨到224点，其中天然橡胶上涨了3倍。

从 2011 年 3 月到 2013 年 2 月，大宗商品的价格一路下跌。原因在于，社会需求小于供给，制造业的产能不能得到充分释放，文华商品指数从 224 点下跌至 170 点。

随之而来的，有个难解的问题。2013 年初到 2016 年初，大宗商品行情略微反弹之后，再度进入阴跌状态，但宏观整体的需求开始大于供给。为什么大宗商品不涨？只能解释为宏观利好将资金大都吸引到股市了，股指从 2013 年底启稳，到 2015 年中上涨了 150%。

2016 年至 2018 年中期，股市的泡沫快速破灭，房地产的投资需求更为旺盛，大宗商品供需表现十分活跃。宏观需求与供给的问题，再度转到了商品这一边，即两者的变化同步了。此时，文华商品指数从 106 点反弹到 167 点，其中螺纹钢价格从 1600 元 / 吨最高上升到 4700 元 / 吨，有将近200% 的上涨幅度。

2018 年 6 月，国家开始倡导"去库存""去杠杆"，导致房地产业绩出现了一定程度的下滑。大宗商品的价格出现了一波下跌，但需求—供给变化的曲线再度上扬，并回到 0 以上。我们的问题是，这根曲线是否会再度演变下去？

描述完需求—供给变化曲线的问题，我们对两个问题做出解释，一是"三驾马车"的结构关系，二是作图过程：

（1）制造业是产生产能的场合，无论是我们所见的采矿、化工还是农产品加工；基建和房地产是消耗这些物资的地方，如大量消耗钢材、水泥、玻璃、PVC 管、窗帘布、橡胶等。如制造业的产能不够大，而基建和房地产规模又较大，则容易出现大宗商品供不应求的态势；反之，则会供过于求。

（2）作图过程：将房地产的累计投资额乘以累计同比，得到一个数字 A；将基建的累计投资额乘以累计同比，得到一个数字 B；将 A、B 相加后的和，除以房地产与基建投资的累计投资额，得到房地产与基建投资的

加权累计同比，将这个数字命名为 C；将 C 减去制造业累计同比可得到差
D；依据 D 值做成曲线图，就是图 6-9。

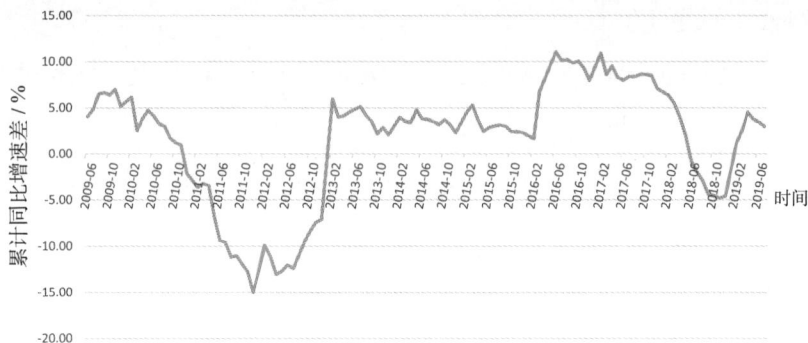

图 6-9　累计同比增速差：需求—供给变化

按照一分为二的思路，上述只是从产业结构方面试图描述宏观经济的
结果变化对商品价格及大类资产价格的影响；与此同时，我们发现，两者
并不存在一一对应的关系，那么势必存在着另一种解释。

第三节　语言量化

宏观经济分析中，若无法对数据和指标做精准量化，则可能只对交易
有坏处，而没有好处，它只会干扰我们对事物的合理判断。

（一）PMI 分析

PMI（Purchasing Managers' Index）是采购经理指数，通常对分析数据
的绝对值变化及各类差值的变化，具有提前量的意义。我们将 PMI 指数为
50% 作为荣枯分水线。

PMI 绝对值的变化，首先观察其在 50% 的上方还是下方，处在上方，
表示经济处在扩张期；处在 50% 下方，则经济处于收缩期。其次是看趋
势，即从某点开始是往上走还是往下走，前者表明经济景气度在改善，后

者则表明经济景气度在恶化（见图6-10）。

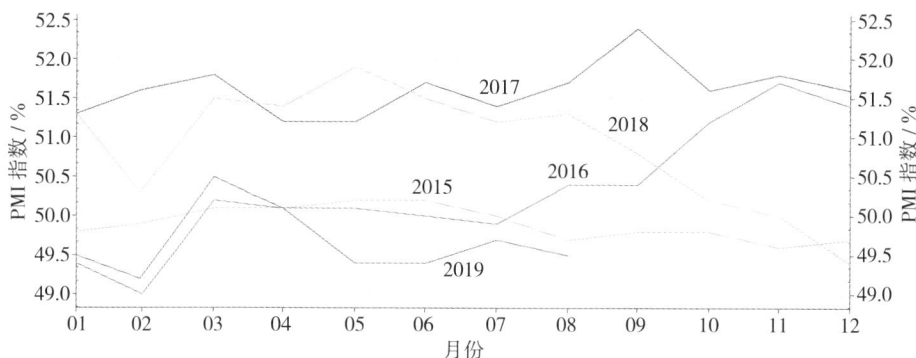

图6-10　PMI指数变化

　　在50%的上方往上走，表明经济景气度很高，且可能会有过热现象出现。在50%的下方往下走，则经济景气度很低，表明投资需求和消费需求都很弱。

　　从季节性来看，2019年的PMI指数，整体处于近5年较低的水平，且跌破了50%，如2019年8月份的PMI指数只有49.5%。目前虽然有一定反复，但仍处于低位运行。

　　因此，在描述这个景气指数的时候，量化的次序为：

　　从季节性来看，处于什么状态？环比与同比都表现不好，环比下降了0.2%，同比下降了1.8%。

　　连续4周处在50%下方，2019年3—4月份虽然有所反弹，但并没有坚持住，随后进一步下跌。

　　PMI指数结构化的量化指标之一，就是新订单减去生产的差值形态图。如果新订单减去生产是正值，则表明订单比生产能力要多；如新订单减去生产是负值，则表明订单量疲弱。后续则要看趋势，处在0以上还往上走，表明需求大于供应的情况转好，且持续性也很好；如指标处在0以下还往下走，则表明需求小于供应，且情况还在恶化（见图6-11）。

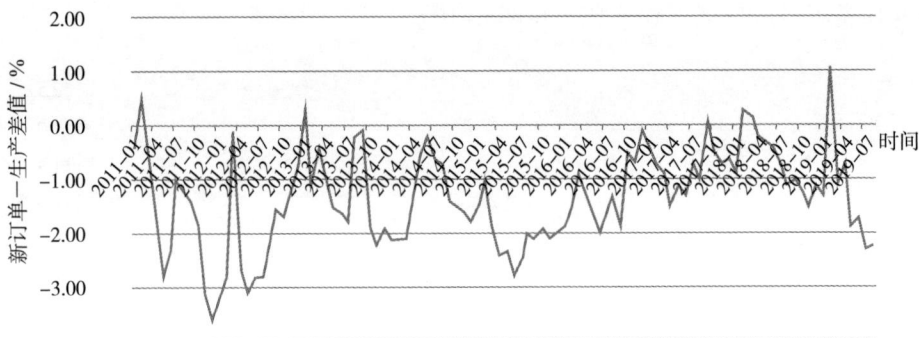

图 6-11　PMI：新订单－生产差值变化

在过去一轮商品价格反弹的分析中，我们看到虽然差值在 0 以下，但是从 –2% 位置最高时上升到 0.3%。然而，维持零以上的时间很短，这表明了两点：它仅仅是一种反弹，而非完全反转，或者说开始进入了大宗商品的大牛市。制约这种情况出现的因素，关键在于需求状况没有以前那样看好。如从人口结构来看，边际消费倾向较大的几个国家，人口总量都出现了负增长。

这一轮文华商品指数从 167 点下跌到 150 点附近，我们看到的是新订单减去生产的差值，从 1% 下降到 –2.2%，斜率很大，而且基本上没有出现回头。订单包括外贸订单和内贸订单，哪一个影响更大一些呢？需要做进一步的分析。

PMI 指数结构化的量化指标之二，是解读库存结构。库存包括原料库存和产成品库存，原料库存高，表明生产者对未来有信心。一般来说，先有了订单，公司才会去大量购买原料；如产成品库存高，则表明生产出来的东西售卖有难度。

产成品库存减去原料库存的差值，是一个反向指标。这个数字走低，表明生产环节的景气上行；如走高，则情况相反。

我们看这一轮大宗商品的上行，该指标从 0.6% 下降到最低的 –4.5%，表明成品在去库存，由于绝对价格降低，投资者更愿意增加原料的库存。

再往前看，大宗商品价格为什么会在 2011 年出现暴跌？源于成品的库存太高，生产者都不愿意增加原料库存。我们看到，这个差值在 2011—2012 年两度达到 6 以上（见图 6-12）。

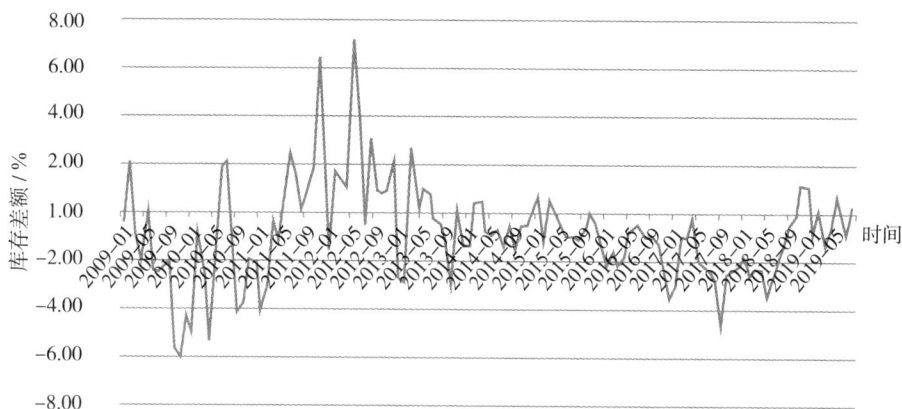

图 6-12　PMI：产成品库存 – 原料库存差额变化

（二）M1 和 M2 的季节性

我们用本月末的 M1 绝对值减去上个月末 M1 的绝对值，得到一个差值，将这些差值按年按月排列并画图，就得到 M1 绝对变化量的季节性图（见图 6-13）。

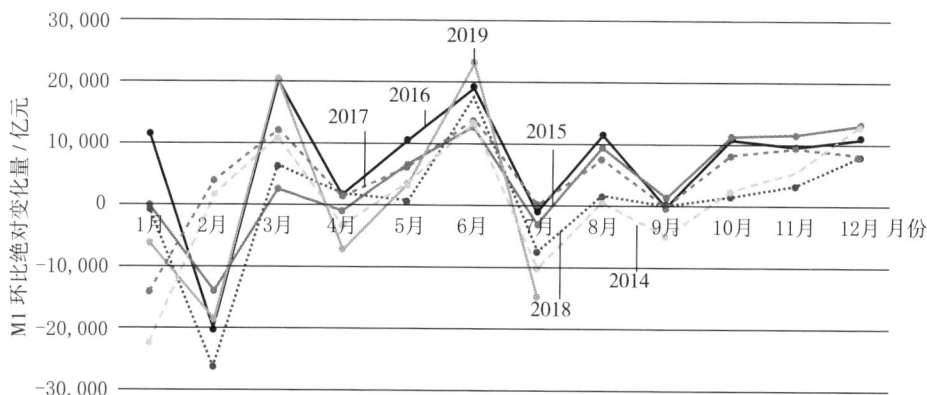

图 6-13　中国 M1 环比绝对变化量走势

通过图 6-13，我们发现，每年的 3 月和 6 月都是 M1 增量的高峰期。此后从 9 月到 12 月，都会出现 M1 稳步上升的态势。这其实和企业的生产经营活动紧密相关。进入 3 月份，企业年后开始正常经营，资金充盈；随后到了 6 月，资金回笼，表现为大量的资金流入；到了"金九银十"之际，M1 的继续增加就不难理解了。

根据企业的 M1 的季节性变化量，我们经常会看到央行进行逆向操作。比如每年的 3 月，企业的 M1 本来就充盈，央行为了开个好头，也会向市场注入资金，此时流动性会愈加宽裕。为了控制商品价格的非理性波动，央行会通过逆回购等操作，从而使社会资金运行的总量收敛。

M1 是什么？是活期存款加现金；M2 是 M1 加上定期存款。从绝对数字来说，M2 肯定大于 M1。但从相对数据的变化量来看，两者之间的关系就不一定了。

M1 是活期存款加现金，可能是企业留在手上的资金增加。个人一般只会留很少的钱在手里，其他的要么变成资产，要么就是定期存款。M1 的增速大，表明企业的现金流状况在大幅改善，业务得到扩张，也可能是产品去库存置换出大量现金，等等。总之，企业的现金流状况改善了，对经济活动的开展肯定是有利的。

通过图 6-14，我们发现，2009 年和 2016 年大宗商品上涨之前，必然会经历一个共同的状态，即 M1 减 M2 的差值持续走强，并达到 10% 以上的状态，随后大宗商品会展开一轮波澜壮阔的上涨之势。最佳的持续时间如何衡定？可能是进入零值这个位置，虽然还有反复，但已不构成大趋势了。

图 6-14 中国货币同比增速：M1 − M2 差额变化

通过 M1 − M2 的价差趋势图发现，大宗商品肯定是进入熊市了，下一波上涨之势再起，必须看到 M1 好起来。

（三）房地产周期

在上述结构性分析中，我们知道房地产投资是工业投资需求很重要的一方面。如何量化这个问题呢？销售数据应该比开工、投资及施工的数据更加可靠。销售的数据不存在二手及数据加工现象。

进入 2019 年，房屋销售指数连续 4 个月处在零以下，而居民的中长期住房贷款从 2016 年 9 月开始，就进入一个宽幅摇摆的状态（见图 6-15）。

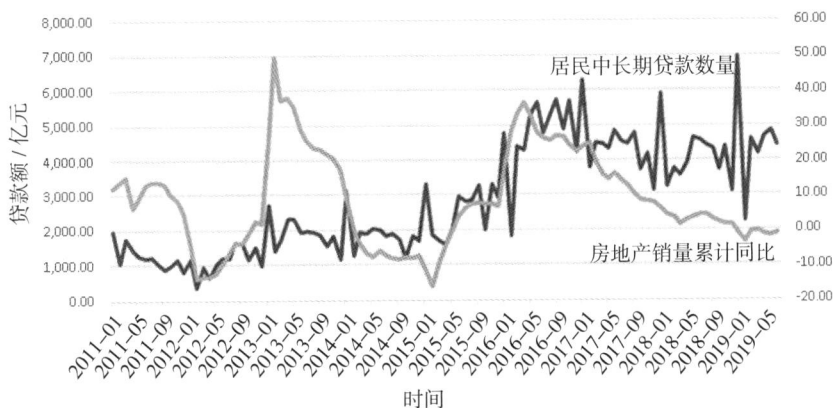

图 6-15 房屋销售与居民中长期贷款的关系

第四节　眼光要独到

2018 年，国家有关房地产的最严厉的控制措施出来了，限价、限售、限贷同时进行。知名经济学家大都认为房地产业要滑坡了，拼足劲去做空螺纹钢，结果很是受伤。而笔者认识的一个"乳臭未干"的小伙子，反倒把这个问题讲清楚了。他认为，国家限售，会让很多投机客认为住房是一个好东西，既然是好东西，就一定会想尽一切办法去市场购买房产。限价的结果呢？是新房价格普遍低于二手房的价格，买到即是赚到。于是乎，杭州商品房的摇号潮，冻结的摇号资金少则上亿元，多则上千亿元，和 2007 年疯狂的新股申购相比有过之而无不及。

众多的房地产公司知道国家关于"房住不炒"的精神后，拿到了售房现款则又去使劲盖房。我们看到碧桂园的房子烂尾了好几处，就是这个道理。房地产公司想尽早交房给购房者，避免房价下跌导致购房者"怒砸"售楼部的现象。这种赶工反而催生了对螺纹钢的需求大幅提前，螺纹钢的价格并没有下跌，反而从低点 3100 元 / 吨最高上涨到 4700 元 / 吨。

因此，观察问题的视角和所站位的立场非常重要。熟知丰富、正统的宏观经济学知识，仅仅是做好研究的前提，而非全部。有好的研究角度，才有可能真实地反映某项政策出台后可能导致的结果，从而确保资产配置的正确方向，否则，就只能是事倍功半。

如何保证观察问题的视角到位，能真实地反映客观世界呢？

（一）要多阅读热销类书籍，保持对现实世界的怀疑

大家日常都在学习，但学习的结果是很容易陷入一种恶性循环。如向过去成功的经验学习，向成功的人士学习，其实这都是一种心理安慰。大家争相学习卡耐基的成功学，每天都被灌输众多的"心灵鸡汤"，但有多少人真正借此取得了成功呢？很难！那都是一种术。没有格局的培养，光凭借"术"对我们来说是没多大用的。为此，一定要多看热销的书籍，尤其重要的是要对现实世界保持怀疑的态度。最好的学习，就是当熟悉了某个东西之后，对其保持怀疑和提问、思考，如此才会有大的进步。

（二）同周围人多接触，尤其是同有思想的年轻人多接触

年轻人无拘无束，他们热爱思考任何事情，只要是年轻人，不妨花点时间请他们喝咖啡，听听他们的话语，了解他们对最近社会热点的看法。成功的人终将老去，因"人面、情面、场面"等问题，已经抹去了棱角，知道了不敢说、不愿意说，年轻人则不一样。要让自己有很好的视角，一定要多向年轻人学习。

（三）在做宏观解读时，考虑采用头脑风暴的做法

重大事件出来，可以召集一批人，成分分布越广越好。先鼓励大家随意讲，让他们发挥头脑风暴的优势，可以讲的都讲出来。然后把所有问题都记下来，有些问题可以当场询问清楚，有些问题若感觉匪夷所思，则可以事后再去找人论证。有人认为这样做很浪费时间，其实不然。大变化刚出现时，很多人是将信将疑的，而且若真的发酵下去，会持续较长时间，并非瞬间结束。因此，这类集思广益的研究工作才更显得宝贵。

| 第七章 | 供需及其边际、结构分析 |

第一节　认识价格

在微观经济学的经典理论上，价格的定义是价值的货币表现。对这个定义的进一步解释就是，这个东西是有价值的。所谓价值，它是货币的表现形式，就是某件物品蕴含的内在的确定性，但有时又是不确定的。既然是货币的表现形式，价格与基础货币的数量、货币流通速度及货币自身的价格等，都存在着一定关联。

判断资产的价格，不仅要判断它自身的价值，还要观察宏观经济大势，这样才能准确到位。在本章中，我们只讨论资产的供需关系，宏观的判断分析方法则在后面章节展开讨论。

既然价格有着确定性与不确定性两方面，我们则要注意到价格的表现形式不仅有涨跌趋势，还有涨跌速率。

（一）涨跌趋势

在一段时间内，价格是涨还是跌？如图 7-1 所示，上证指数从 2019 年 1 月 4 日触底上涨，到 2019 年 4 月 8 日到达顶点，上涨了 848 点；从 4 月 8 日开始下跌，到 6 月 6 日终止下跌，期间下跌了 460 点。下跌时间是上涨时间的 2/3，下跌幅度约为上涨幅度的 50%。

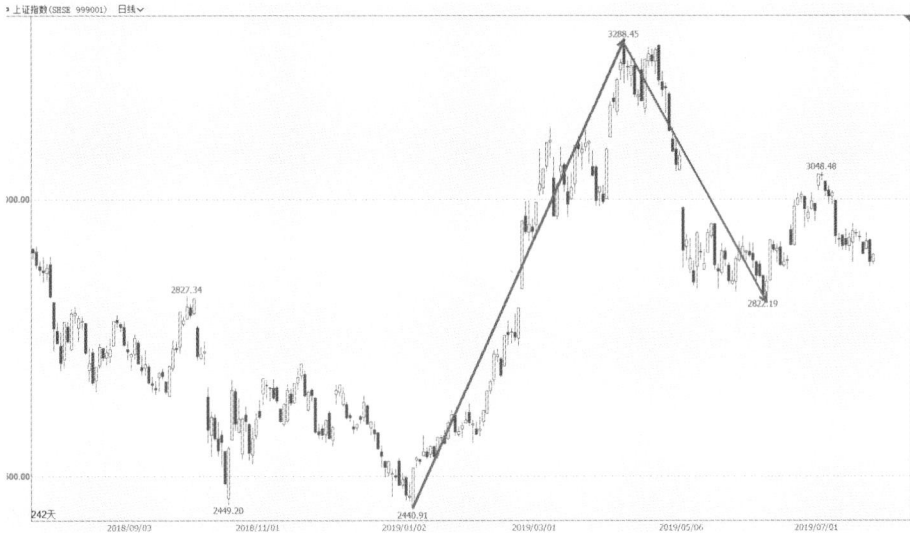

图 7-1 中国上证指数走势

（二）涨跌速率

我们在分析行情时，价格波动的趋势与速率是必须描述的情景，最终都形成对价格的预测。比如，同样是在涨的背景下，我们预测在相同的时间里，单位时间的上涨情况；又如，同样是在跌的背景下，我们预测在相同的时间里，单位时间的下跌情况。

图 7-2 是 TA1909 期货的价格走势图，我们用表 7-1 来描述其涨跌的速率。

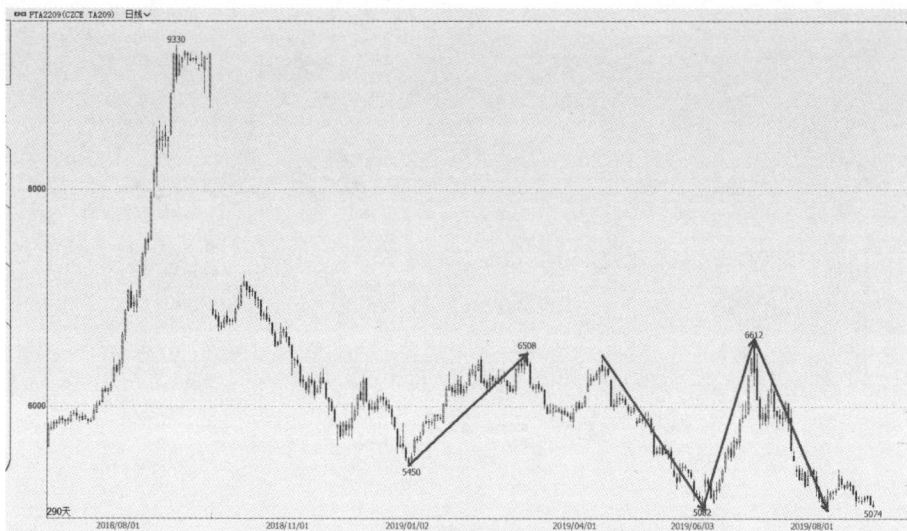

图 7-2　TA1909 期货的价格走势

表 7-1　TA1909 期货价格涨跌速率

	上涨 1	上涨 2	下跌 1	下跌 2
时间	2019 年 1 月 3 日—3 月 7 日	2019 年 6 月 6 日—7 月 3 日	2019 年 4 月 15 日—6 月 6 日	2019 年 7 月 3 日—7 月 5 日
幅度	1058	1530	1382	810
速率 /（元 / 天）	16	57	27.6	270

　　上涨 2 阶段节奏明显快多了，带来的下跌也比下跌 1 阶段要快得多，但如此巨幅的下跌速率超出了市场预期。

　　笔者认为，涨跌趋势可能与总供需和边际供需有关，而速率则与供需（边际）缺口的大小及市场对该缺口的利用密切相关。接下来将讨论这个问题。

第二节　供需与价格的相互作用

（一）供需与价格、成本的关系

供需决定价格，价格反作用于供需；同时，成本对价格构成支撑。三者的关系如下：

（1）供大于求，价格下跌，如处在盈亏平衡线附近，跌得会少一点；如具有丰厚利润，则跌幅较大。

（2）价格下跌到一定程度，供给减少、需求增加，此时可能会有供给缺口，导致价格回升。

（3）供小于求，价格上涨，如处在盈亏平衡线附近，上涨得更多；如果已经具有丰厚的利润，则上涨得会少一点。

（4）价格上涨之后，会抑制需求、增加供给，价格涨到下游无法承受，并有过剩现象出现时，价格转为下跌。

（5）暴利（经济学称之为超额利润）会引入外来者增加供给，价格会逐步下跌，并回到正常利润，如产能增加过度，价格甚至会跌到现金成本以下。

（6）长期处在现金成本以下的产品，会引致供给纷纷退出，一直到该行业恢复正常利润。这里的现金成本，是指正常的产品成本扣除折旧之后的剩余部分。

（二）供需与成本的模型

先看看供需与成本的模型（见图 7-3）。

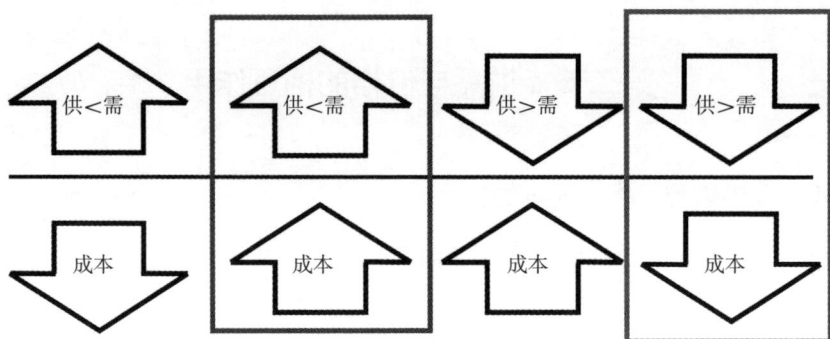

图 7-3　供需与成本模型

在上述模型中，首先从成本这个维度进行必要的解释。箭头向下，代表它的成本具有下降空间，也可以指当前具有的超额利润，在未来只要供需逆转就很容易被消灭。为了便于解释，可以理解为：箭头向下代表的是没有成本支撑；箭头向上代表的是有成本支撑。

上述模型从左到右，第二种和第四种形态容易理解。第二种形态表明供应小于需求，成本增加，此时价格上涨形态相对确定。第四种形态，供应大于需求，价格有下降的动力，同时成本下降，价格下跌形态更加确定。第一种形态和第三种形态相对复杂，需要具体问题具体分析。供应大于需求，但是成本在下移或具有丰厚的盈利，初期价格还可能保持强势，但如供应开始饱和，价格就会跌下来。供大于需，有成本支撑，但在初期价格也难以上涨，之后随着市场退出，价格随之回升。

（三）总量供需关系分析

根据上述模型，我们进行两个方面的推测，一是 2019 年第三季度之后的 PTA 行业，二是 A 股市场。

1. 极熊的 PTA 市场

从供需情况来看，PTA 在 2019 年 10 月份出现季度宽松。如恒力石化的 220 万吨 PTA 装置，新凤鸣的 500 万吨 PTA 装置已经在 2019 年国庆开出，新增 720 万吨 PTA 产能，有了足够的 PX 供应原料。

按照聚酯 7% 的增量，即增加聚酯 350 万吨，对应着 PTA 的需求增量 300 万吨，PTA 将形成事实上的过剩。

PX 的装置中，恒力石化的 450 万吨年产量已开车成功，文莱 440 万吨、浙江石化 440 万吨、海南炼化 100 万吨（年产量）这三套装置，也在 2019 年第三季度开车，PX 装置最终增加 1430 万吨。PX 相对 PTA 过剩 950 万吨，PX 相对于聚酯过剩 1130 万吨。

以上是供需关系的分析，我们可以看出，PTA 产品将面临着市场极度过剩的状态。

PX 过剩，将长期围绕着 250 ～ 330 美元 / 吨的加工费波动。为此，我们先对 PX 进行定价（见表 7-2）。

表 7-2　相关产业链定价

品种	原油	石脑油	PX	PTA
价格	60 美元 / 桶	518 美元 / 吨	768~848 美元 / 吨	4650~5500 元 / 吨
说明	吨桶比 7.3	合理加工费 80 美元 / 吨	加工费 250~330 美元 / 吨	600~1000 元 / 吨 加工费用

根据表 7-2，在中长期，PTA 的合理价值是 4650 ～ 5500 元 / 吨。

2018 全年至 2019 年上半年，因 PTA 的供给能力不足，均维持着超额的加工费用（见图 7-4）。鉴于 PTA 未来有很大的产能投放，会面临价格下跌的压力。根据上述的情景假设，PTA 价值高区位是 5500 元 / 吨，TA2001 只要高于 5500 元 / 吨，就属于绝对高度区间。

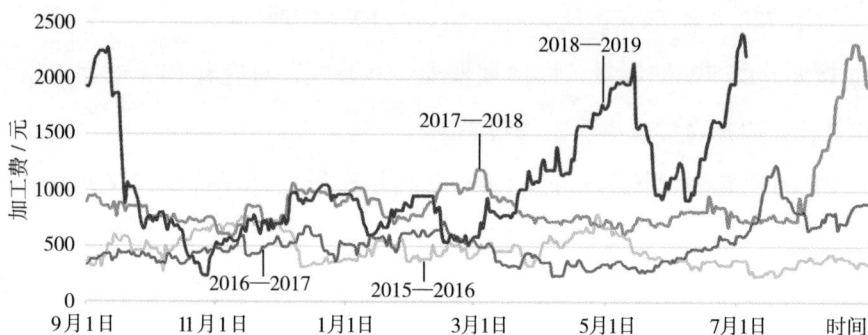

图 7-4　PTA 现货加工费变动

2. "金色"——刚刚起来的 A 股市场

MSCI 青睐于 A 股中的 A50 指数成分股（见表 7-3）。国外机构都倾向于做稳定的投资，只有 A50 指数才是稳定的。这些筹码极其有限，就出现了 A50 强于大盘的情形。

表 7-3　A50 成分股一览

序号	代码	股票名称	市值/亿元（2019 年 7 月 12 日）	市盈率	序号	代码	股票名称	市值/亿元（2019 年 7 月 12 日）	市盈率
1	600000	浦发银行	3381	5.8	26	601166	兴业银行	3777	6
2	600028	中国石化	6344	10.7	27	601229	上海银行	1259	6.7
3	600031	三一重工	1100	14	28	601319	中国人保	4091	29
4	600050	中国联通	1850	42	29	601390	中国中铁	1469	8.2
5	600276	恒瑞医药	2939	68	30	601628	中国人寿	8669	36.3
6	600519	贵州茅台	12387	32.7	31	601766	中国中车	2261	19.1
7	600703	三安光电	452	18.2	32	601857	中国石油	12207	23.2
8	601066	中信建投	1509	42.1	33	601988	中国银行	10951	6
9	601138	工业富联	2534	14.8	34	603993	洛阳钼业	832	24.4
10	601211	国泰君安	1610	21.6	35	600019	宝钢股份	1410	7.3
11	601318	中国平安	16224	12.8	36	600030	中信证券	2832	25.8
12	601336	新华保险	1708	19.7	37	600048	保利地产	1612	8.3
13	601601	中国太保	3414	17.3	38	600196	复星医药	695	25.6
14	601688	华泰证券	1596	31.9	39	600340	华夏幸福	913	7.3

96

续表

序号	代码	股票名称	市值/亿元（2019年7月12日）	市盈率	序号	代码	股票名称	市值/亿元（2019年7月12日）	市盈率
15	601818	光大银行	1995	5.8	40	600690	海尔智家	1102	14.5
16	601939	建设银行	17926	7	41	600887	伊利股份	2063	31.2
17	603259	药明康德	1040	44.1	42	601111	中国国航	1330	17.9
18	600016	民生银行	2640	5.2	43	601186	中国铁建	1316	7.2
19	600029	南方航空	913	29.6	44	601288	农业银行	12599	6.1
20	600036	招商银行	8928	10.7	45	601328	交通银行	4307	5.8
21	600104	上汽集团	2792	8.1	46	601398	工商银行	20030	6.7
22	600309	万华化学	1322	13.4	47	601668	中国建筑	2456	6.3
23	600585	海螺水泥	2185	7	48	601800	中国交建	1768	8.8
24	600837	海通证券	1596	22	49	601888	中国国旅	1713	40.4
25	601088	中国神华	3785	10.7	50	601989	中国重工	1354	146
合计								205186	

截至 2019 年 7 月 12 日，A 股两市的市值总和是 59.35 万亿元，上证 50 指数占比达到 34.57%。对比 2015 年的上证指数 5178 的高点，我们来看看上证指数、上证 50、沪深 300 和中证 500 对应的变化情况（见表 7-4）。

表 7-4　上证指数、上证 50、沪深 300 和中证 500 与上证指数对比

日期	上证	深证	上证 50	沪深 300	中证 500
2015 年 6 月 15 日	5178.19	18211.76	3202.47	5380.48	11616.39
2019 年 7 月 12 日	2930.55	9213.13	2902.13	3808.73	4861.57
T1 时间打折率	57%	51%	91%	71%	42%

上述指数中，打折最狠的是中证 500 指数，上证 50 指数只打 9 折，表现得最为稳健。上证 50 中有不少股票价格创出新高，如贵州茅台、恒瑞医药、中国平安等。为什么会出现这种情况？

从供需情况来看，这说明市场提供给投资者的有价值的股票不多，很多公司上市后过多参与市值管理，不好好经营自身业务，浪费了很多的发

展机会。也就是说，好公司太少，差公司太多。在投资者心目中，上证 50 相当于已经做过遴选，其中大多数是好公司；中证 500 指数中的成分股则鱼龙混杂，投资者自然认为其中差公司多一点，尤其是"爆雷"的很多。因此，资金过度进入上证 50 指数成分股，其中有不少对应的市盈率已经达到了 30 多倍，和买国债无异。上证 50 指数是否已经被高估呢？

对 2019 年 7 月 12 日的 TTM 的市盈率进行加权平均，上证 50 的平均市盈率为 16.52 倍，折算成收益回报率为 6%。同期，A 股整个市场的平均市盈率为 16.89 倍，几乎与之持平。这表明，如果你投资 A 股市场且追求稳健的大类资产回报，投资上证 50 成分股无异是很显"金色"的，除非 A 股市场真的推倒重来。

3. 边际供需关系分析

供需关系中，更加注重的是边际分析。为什么这样说？因为每一个当下，价格都是目前供需关系的函数，只要是信息反映完全充分的市场，价格都已被充分发现。

表 7-5 中，根据边际变化与供需关系的总体特征，一共衍生出 8 种形态，其中 4 种形态比较明确，即上涨与下跌各 2 种。在这 4 种明确形态中，又有 2 种形态最为突出，即戴维斯双杀模型。如供给大于需求的总体情况下，此时的供给增加、需求减少，价格则会加速下跌；而在供给小于需求的总体情况下，又会出现供给减少、需求增加，价格加速上扬。

表 7-5　边际供需关系分析

情形类别	边际变化	总体：供＞需	总体：供＜需
1	供给增加、需求增加	价格波动不确定	价格波动不确定
2	供给增加、需求减少	戴维斯双杀：价格加速下跌	价格可能会转跌
3	供给减少、需求减少	价格波动不确定	价格波动不确定
4	供给减少、需求增加	价格可能会转涨	戴维斯双杀：价格加速上扬

4. 成本利润分析

是 8000 元 / 吨的 PTA 贵，还是 7000 元 / 吨的 PTA 贵？或者换一个问题，是 8000 元 / 吨的 PTA 可以做空，还是 7000 元 / 吨的 PTA 可以做空？

单独问这个问题，是无法回答的。即便供需同等的情况下，在不同的 PTA 盈利情况下，8000 元 / 吨的 PTA 不一定贵，7000 元 / 吨的 PTA 不一定便宜。由此需引入供需结构分析中的成本利润分析。

现以 2018 年 10 月底的铁矿石 611 元 / 吨、焦炭 2533 元 / 吨、螺纹钢全国平均价 4657 元 / 吨价格为例，进行分析（见图 7–5）。

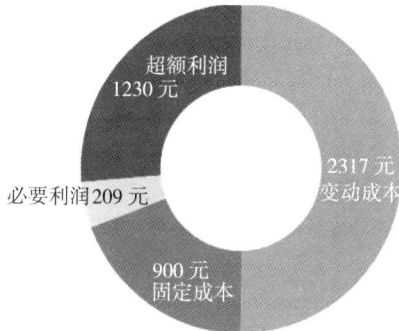

图 7–5 螺纹钢价格构成

注：① 变动成本：铁矿石和焦炭等配方成本加上水电气的费用。
② 固定成本：即装置停车也会发生的各种折旧和摊销。
③ 必要利润：国家 GDP 的增速 6.5%，则在变动成本上加总固定成本，再乘以 6.5%。
④ 超额利润：螺纹钢价格—变动成本—固定成本—必要利润。
⑤ 螺纹钢价格 = 变动成本 + 固定成本 + 必要利润 + 超额利润 =4657 元。

在图 7–5 的螺纹钢价格构成组分中，不同水平的价格可能对应着不同的供给。如价格落点在变动成本线上，则意味着开工还不如停工；如价格落在变动成本与固定成本水平上，则会有工厂进入，意图是获得必要的现金流；如"价格 = 变动成本 + 固定成本 + 必要利润"，则会带来较充分的供给；如果能获得必要利润以上的超额利润，则一定会有新产能的大量投放。

价格减去成本就是利差，利差有三种表现形态：期货盘面加工利润、现做现卖利润及工厂实际获得利润。

　　图 7-6、图 7-7、图 7-8 从三个角度描述了 PTA 的盈利状态。盘面加工费用以期货价格作为描述核心，来评估期货价格所对应的利润情况（见图 7-9）。现货加工费用，是指现做现卖的加工费用，即用当前的 PX 与 PTA 现货对应的价格，这个指标具有现实意义，反映原料成本与 PTA 价格间的弹性。PTA 工厂加工费用，才是反映 PTA 工厂一个月做下来有没有利润的主要指标，对应的是合约成本与合约成品之间的匹配关系。这里仅以 PTA 为例，对其他工业品也都是适用的。

图 7-6　PTA 期货盘面加工费

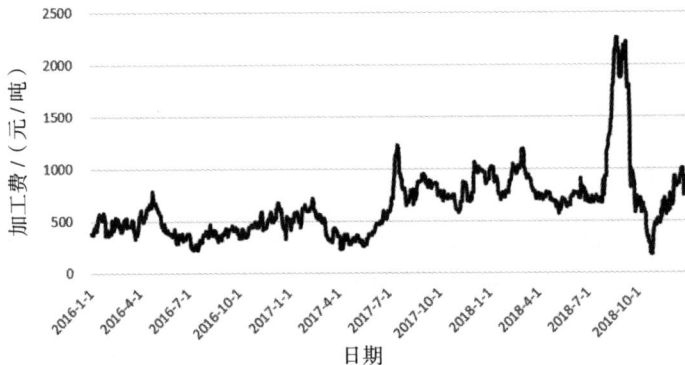

图 7-7　PTA 现货加工费

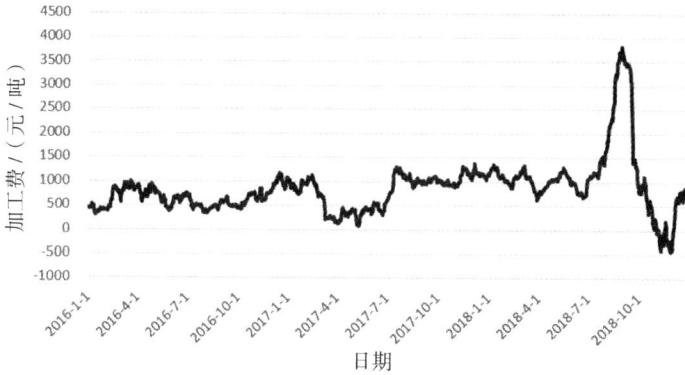

图 7-8　PTA 工厂加工费

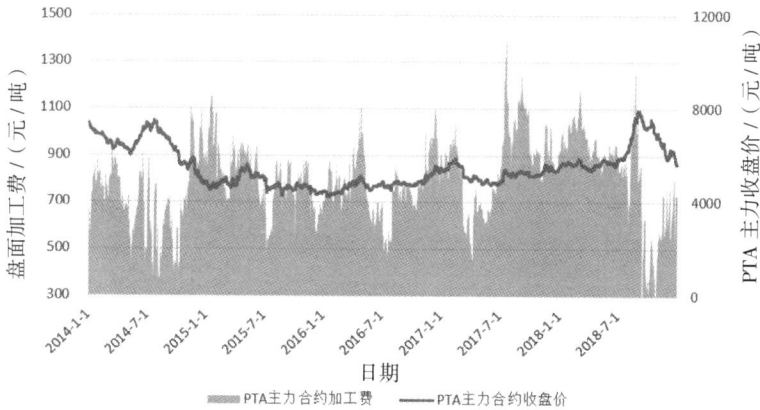

图 7-9　PTA 盘面加工费

其实上述图中都忽略了一个问题，就是价格与利润的匹配问题。离开了利润来谈论价格，是没有意义的。

第三节　供应结构分析

在科技日益发达的今天，生产供给的工艺日新月异。不同的供给面临的边际成本是不同的，价格极度上涨和下跌的时候，就需要对供给进行细分。

101

（一）PP 的供给结构

供需平衡表一定要结合供给结构来分析。在表 7-6 中，因下游的需求减少，大概萎缩了 10% 的量。那么，纯粹甲醇制 PP 的装置成本就会被打掉，直接进入 6890 元 / 吨的成本均衡。而像 2018 年上半年，因去废塑料的力度大，整个 PP 新料都出现了去库存现象，即库存一直处于下降态势，为保证甲醇制 PP 有利润，成本上升到 9400 元 / 吨。

表 7-6　PP 供给结构

序号	工艺	产能 / 万吨	占比 / %	当前成本（2018.11.15）	计算公式
1	煤制	541	24.95	6400	煤炭 ×6+4000
2	甲醇制	150	6.92	9400	甲醇 ×3+1000
3	PDH	230	10.61	6890	丙烷 × 汇率 ×1.16×1.01×1.18+2250
4	石脑油制	1247	57.52	6862	石脑油 ×1.3×1.16× 汇率 +1200

供需平衡表中，若结合供需和结构的边际分析则更为有效。

（二）以乙二醇为例分析其供应结构的变化（见表 7-7）

表 7-7　乙二醇供应结构

序号	工艺	产能 / 万吨	占比 /%	当前成本（2018.7.12）	计算公式
1	煤制	441	39.34	5380	煤价 ×6+2500
2	甲醇制	80	7.14	5485	甲醇价 ×3×0.65+1000
3	乙烯制	50	4.46	646	乙烯价 ×0.62+150 美元 / 吨
4	石脑油制	550	49.06	541	（石脑油 +80）×1.02×0.62+150 美元 / 吨

如果有人问，2019 年化工期货领域最大的投资是什么？一定有人会告诉你，是买 PTA、卖 MEG。

2018 年 11 月 26 日以来，就有人提到"买 PTA、卖 MEG"的策略，理由是 PTA 产能偏紧，而 MEG 则有巨大的产能投放。PTA 主力 - 乙二醇主力价差变化如图 7–10 所示。

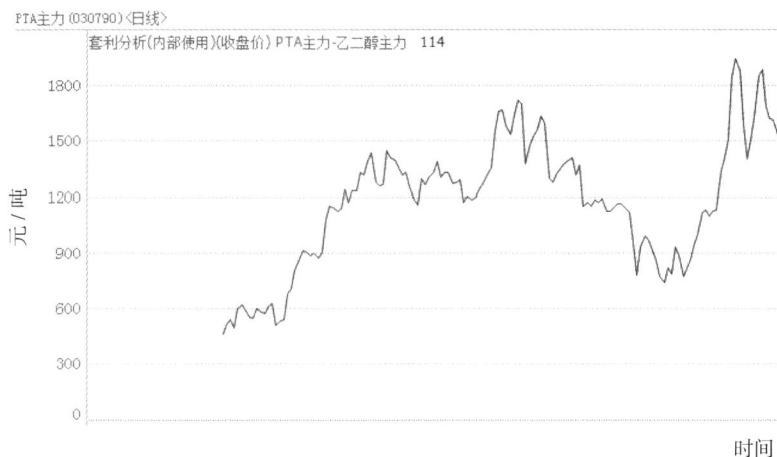

图 7–10 PTA 主力－乙二醇主力价差变化

进入 2019 年 7 月份，乙二醇期货合约 1909 出现一次跌停。本来，我们认为国内几乎所有产乙二醇的装置都在亏损，只有国外天然气制的装置还有盈利。有位做 PTA 和 MEG 的套利者认为，他之所以继续看空 MEG，原因在于 2019 年的水利发电将增加产能 50%，会导致煤炭价格下跌 20% 即 100 元／吨，从而使 MEG 的成本下移 600 元／吨，煤制工艺反而不会停车。

水力发电占总发电量的 13% ～ 18%，高低相差 5 百分点，2021 年是否会超出这个范围值，还值得观察，只能说水利发电已经进入季节性旺季的高产期（见图 7–11）。

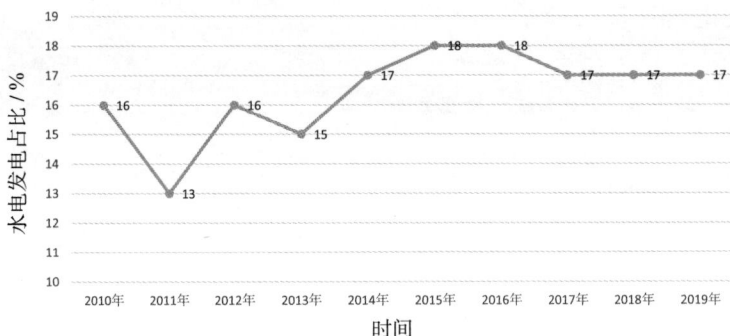

图 7-11　水利发电占比变化

第四节　库存结构之分析

（一）液态化工与固态商品的库存形态比较

液态化工大多数属于危化品，不好存放。在一定时间内，罐储容量是一定的。这对其价格有着助涨助跌的作用。

灌装库存是可以量化的，固态商品的库存则是散乱且无法量化的。

液态化工库存形态的特殊性，决定了其价格的顶和底几乎都是尖锐的。

（二）库存形态

库存分为显性库存（贸易商港口库存）、在途库存和生产工厂库存。这个区分在液态化工库存分析中尤为重要。

问题在于，行业资讯公司只公布港口库存数据，而无法获悉在途库存和生产工厂的库存数据，这两个数据更散乱、动态，无法统计清楚。图7-12是甲醇的沿海总库存。

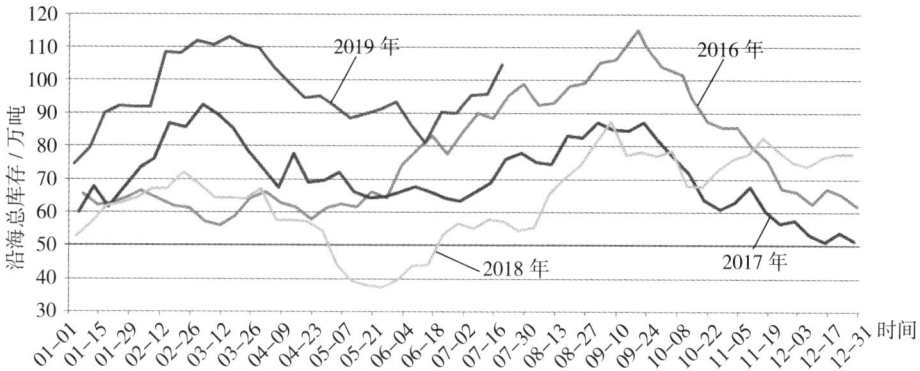

图 7-12 甲醇的沿海总库存

如果从港口库存数据来看，则无法理解甲醇为什么从 2018 年 10 月份开始下跌。从库存数据来看，甲醇库存从 2018 年 10 月到 12 月底呈下降趋势，但期货价格下跌了 1100 元 / 吨，为什么会这样，这里能看出什么"症状"吗？

症状一：华东地区的甲醇价格相对山东（中转地）的价格走强。表明在途库存开始多起来，因忌讳需求不旺或产能投放等原因，卖方在甲醇运输中就开始大量抛售，其价差从 -100 元 / 吨上升到 380 元 / 吨（见图 7-13）。

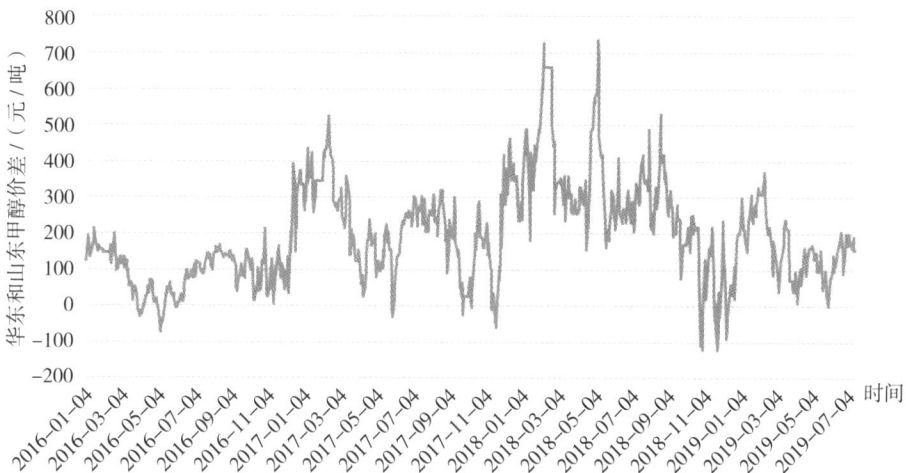

图 7-13 华东和山东甲醇价差变化

105

症状二：中转地相对于内蒙古（产地）的甲醇价差在走强，从 120 元 /
吨上升到 350 元 / 吨（见图 7–14）。表明产地的甲醇供应开始充足，买家不
担心买不到甲醇，反而是卖家急于出货。

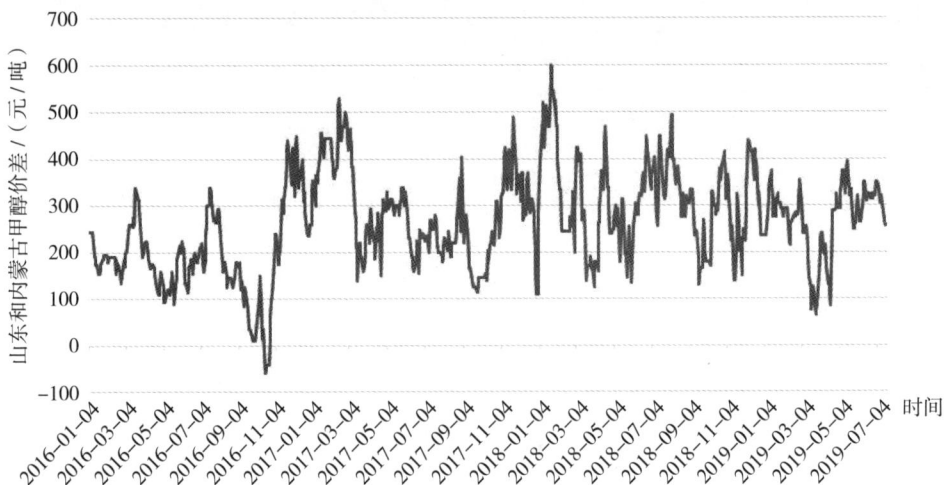

图 7–14　山东和内蒙古甲醇价差变化

症状三：主交割地的甲醇基差在走弱。在进行上述分析的同样时间段
里，甲醇的基差从 170 元 / 吨下降到 –60 元 / 吨，表明主销地的甲醇现货价
格实在太弱，卖家一边卖出现货，一边寻求期货市场的套保（见图 7–15）。

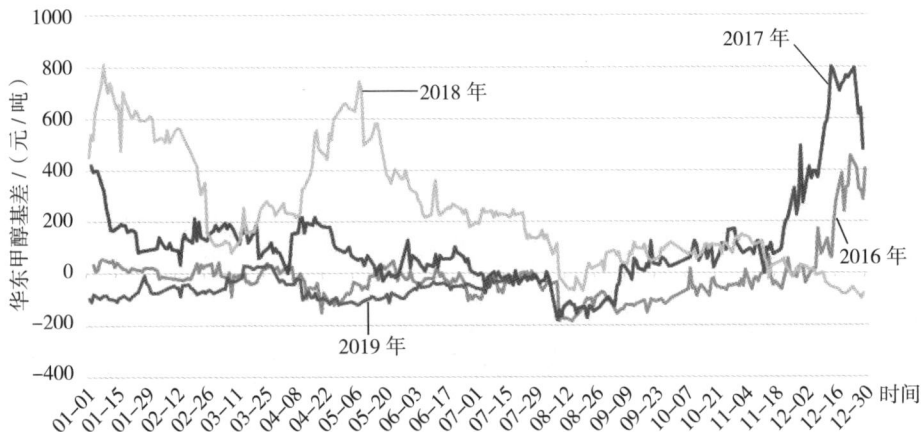

图 7–15　华东甲醇基差

上述三个症状表明，甲醇的港口库存在 2019 年转入上升状态，即表示进口的、中转的及产地的货都累积到了港口，之后价格一直处于弱势，期货价格最高反弹到 2701 元 / 吨，到 2019 年 6 月底价格下降到 2284 元 / 吨，再度下降 417 元 / 吨。

为了预测未来，我们思考，既然甲醇价格走势这么弱，什么时候会上涨呢？先不考虑供应，尤其是产能投放问题，从各种价差角度来分析，我们观察到 2018 年 5 月到 10 月之间有一波上涨：

（1）显示产地相对于终端地的价差走强，这个要领先 1 ～ 2 个月，山东减去内蒙古的价差，从 600 元 / 吨下降到 120 元 / 吨，意味着将产地到中转运输的货物流被打断了。

（2）中转地到华东港口的价差大幅走强，从 700 元 / 吨下降到 100 元 / 吨左右，表明中转地几乎没有库存了。

（3）令人匪夷所思的是，库存先降后升，基差没有走强，反而由极强走弱。

这表明，如果看好甲醇价格上涨，先要淡化库存的影响，从极强的基差入手，中转地与产地、港口与中转地的价差走强，即可以看作为介入的时机。

（三）如何获取各种价格数据

甲醇由于贸易活跃，或者说期货上市比乙二醇要早得多，各种价格数据比较齐全。而乙二醇的很多数据不够全面，数据取样比较困难。此时就要用到第一章提到的方法，即建立期现贸易组织，将货物买卖全面铺开，其功能之一就是获取相关的价格数据。

乙二醇对应的主要下游产品是聚酯，企业规模都比较大，现金流情况很好，传统贸易成交非常活跃，可以作为一个受重视的品种来关注。

（四）库存在单方向行进中的运用

通常来说，库存上升一般会导致价格下跌，库存下降有利于价格上涨。那么价格上涨多少或下跌多少有什么依据呢？

如果是下跌，则要遵守下列规则：

（1）价格跌掉 1/3 的法则。

（2）历史重演法，即根据过往历史的库存上升与价格下跌之间的比例关系，确定这一次的涨跌幅度。

（3）在自身利润与下游利润中寻找合理的平衡点。

如果是上涨，则需要遵守这样的法则：

（1）如果资金参与，主力也是往涨的方向推，价格可能会在上涨 1/3 的幅度内运行。

（2）历史重演法。

（3）下游能消化多少价格涨幅及其后的价格传递性。

以 PTA 期货为例来讲述这些规则的运用（见图 7-16）

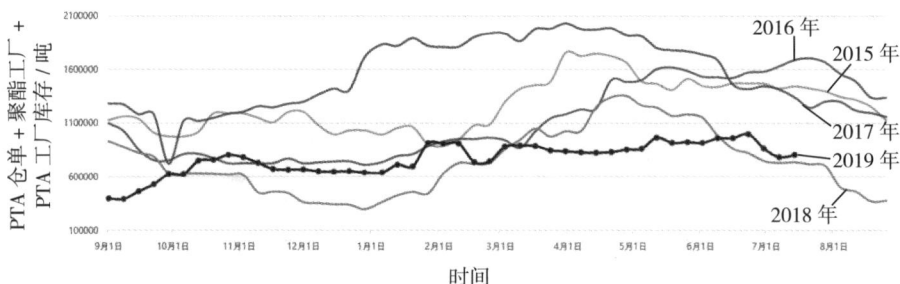

图 7-16　PTA 仓单、聚酯工厂和 PTA 工厂库存总额变化

同样是库存下降，2017 年 5 月到 8 月底，与 2018 年同比情况如何？前者库存从 185 万吨下降到 115 万吨，下降了 70 万吨，降比是 37.83%，带来的 PTA 期货价格上涨 500 元 / 吨，即 11%。2018 年，这一次也是下降了 70 万吨，但超过 50%，直观来看，这次价格上涨幅度肯定超过 11%。事实上，

本次价格上涨达到了40%。从这里分析，我们总结如下：

（1）在周期中，第一次库存下降带来的价格上涨及基差走强，是比较弱的，因为"天地久涝，短期暴晒难以干透"。然而，第二次的库存下降容易强化这一预期，货物是真的少了。

（2）库存对比中，库存下降的百分比越大，价格上升的幅度越大。在周期算法中，如果五年一个周期，前两年库存下降，第三年累加库存，但速率比较慢，市场参与者难以从前两年过强的趋势中走出来，直到第四年、第五年才正式走弱。

（五）关于库存天数的问题

有人说，2020年库存比上年高出28万吨（见图7-17），是因为目前的产能基数大了，可以允许高一点。但要知道，随着恒力、浙石化共计160万吨乙二醇投产，这部分库存极有可能在生产工厂，而非港口。因此，148万吨的乙二醇库存对应的库存天数是上升的，而非下降。

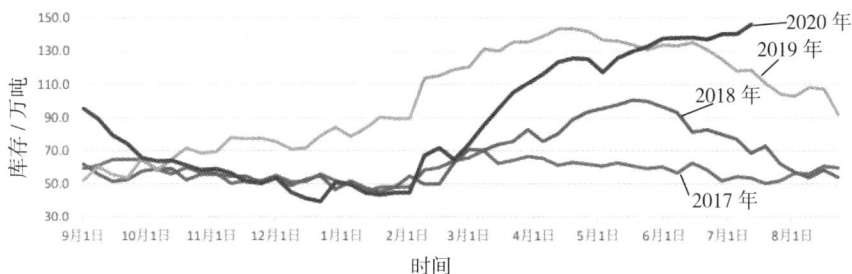

图7-17 MEG港口库存变动

使用库存天数的意义在于，它能较好地表达库存消化的难易程度。库存天数低，则消化库存容易；反之，则难度很大。

| 第八章 | 行业周期与波浪移动 |

第一节　行业分析的象限图及解析

基于周期性的特点，从结构分析的角度出发，按照行业整体与龙头企业的情况，这里将行业的运行状态分为 4 个象限（见图 8-1）。

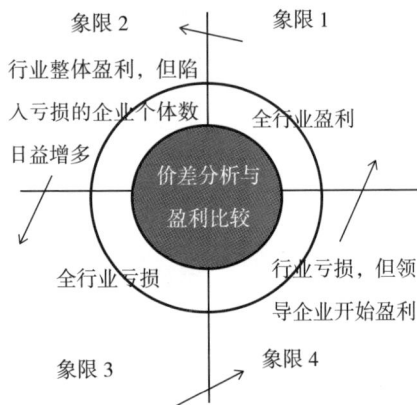

图 8-1　价差分析与盈利比较

象限 1：全行业盈利。全行业盈利指的是行业里面所有的企业都盈利，但它不等同于行业整体盈利，在这种情况下没有企业亏损，龙头企业通常会获得丰厚的超额收益。

象限 2：全行业整体盈利。亏损企业大多已被淘汰，行业整体的盈利边际得到大幅改善，尤其是中上及龙头企业开始显著盈利，行业整体出现正向利润。

象限 3：全行业强度亏损。因持续经营态势恶化，龙头企业也出现亏损，即最有效率的供给也将会出现现金流无法弥补的状态。持续下去会让亏损已久的落后产能退出，这些企业的边际亏损量高，且累计亏损的时间长。

象限 4：全行业弱度亏损，龙头企业会有盈利。全行业盈利时会有外来者持续进入，先是落后产能亏损，之后只剩下龙头企业盈利，整个行业陷入亏损状态。

象限 1 与象限 3 通常又称为顶部区域与底部区域，象限 2 和象限 4 则称为中间过程。如何来描述各个象限的特征呢？一般从经营与流通两个环节来展开。

企业（行业）盈利是对经营最好的描述，价差则是对流通环节的最好描述。大宗商品对应的都是周期性行业，我们用利润与价差两个指标对象限进行描述（见表 8-1）。

表 8-1　用利润和价差刻画象限变化

	利润	价差
第一象限	龙头企业利润 > 行业平均 > 最差企业 >0	最强区域且价差 >0
第二象限	龙头企业利润 >0> 行业平均 > 最差企业	持续走弱且价差 <0
第三象限	0> 龙头企业利润 > 行业平均 > 最差企业	价差 <0
第四象限	龙头企业利润 > 行业平均 >0> 最差企业	持续走强且价差 >0

在周期性股票与商品期货的运营中，可以遵循下列基本规则：

象限 3 是买入周期性股票的最好时机，即所看到的全行业亏损，行业整体的市盈率为负。这时大家都在说该行业如何差劲，一般投资者会被吓坏，不敢进入，那实际情况如何呢？如从市净率的角度来说，这时的股价是真的很便宜，市值可能大大低于该股票的重置成本。

由象限 2 进入象限 3 的阶段中，是做基差交易，即买入现货、卖出期货最好的时候，到进入象限 3 的末期，是单边做多 PTA 期货较佳的时期。

我们通过荣盛石化的利润表来感受这一周期的波动（见图 8-2）。

荣盛石化[002493.SZ]-利润表	2019-03-31	2018-12-31	2017-12-31	2016-12-31	2015-12-31	2014-12-31	2013-12-31	2012-12-31	2011-12-31	2010-12-31	2009-12-31
加：其他收益	1,429.35	18,553.76	41,731.38								
投资净收益	22,365.44	70,578.38	30,087.85	35,985.08	1,634.85	-18,084.20	17,201.19	16,729.96	50,142.66	45,375.07	36,391.13
其中：对联营企业和合营企业的投资收益	19,409.68	53,745.52	21,505.44	10,032.51	-4,644.15	-14,296.39	10,253.85	13,181.01	48,787.08	47,590.83	36,119.12
净敞口套期收益											
公允价值变动净收益	11,131.76	-34,017.38	3,627.37	7,747.09	-3.61	-239.72	239.72		-360.68	360.68	
资产处置收益	45.03	57.50	-6.50								
汇兑净收益											
加：营业利润调整(特殊报表项目)											
营业利润调整(合计平衡项目)											
营业利润	80,107.24	227,511.36	232,336.30	217,338.94	38,474.44	-72,391.61	27,288.19	19,362.66	250,211.98	257,730.97	121,035.31
营业外收入	26.78	2,234.98	97.07	7,287.45	4,146.56	7,095.40	6,468.76	18,066.99	11,195.49	803.17	910.10
减：营业外支出	30.11	352.73	118.34	1,478.77	1,694.90	2,552.57	1,481.70	980.45	1,716.88	796.01	560.63
其中：非流动资产处置净损失				111.47	3.42	1.93		4.00			0.82
加：利润总额调整(特殊报表项目)											
利润总额调整(合计平衡项目)											
利润总额	80,103.91	229,393.61	232,315.02	223,147.62	40,926.10	-67,848.78	32,275.25	36,449.20	259,690.60	257,738.13	121,384.78
所得税	11,239.46	32,633.28	25,258.52	27,443.08	12,064.69	-7,858.79	2,080.70	-1,990.82	36,128.50	35,387.08	8,375.99
加：未确认的投资损失											
加：净利润调整(特殊报表项目)											
净利润调整(合计平衡项目)											
净利润	68,864.45	196,760.33	207,056.50	195,704.54	28,861.41	-59,989.99	30,194.55	38,440.02	223,562.10	222,351.05	113,008.79
持续经营净利润	68,864.45	196,758.85	207,053.29								
终止经营净利润		1.47	3.21								
减：少数股东损益	8,371.11	36,007.15	6,932.66	3,625.78	-6,350.92	-25,277.31	7,177.88	13,227.66	61,554.06	68,693.66	34,748.69
归属于母公司所有者的净利润	60,493.34	160,753.18	200,123.85	192,078.77	35,212.33	-34,712.69	23,016.67	25,212.36	162,008.04	153,657.39	78,260.10

图 8-2　荣盛石化利润一览

2014 年荣盛石化的利润数字是负的，彼时荣盛石化的股价，按照当前复权的价格计算，合不到 2 元 / 股。2019 年 7 月，其价格稳定在 11 元 / 股，是之前股价的 5.5 倍。我们可以看到，如按照市盈率评估 2014 年的公司市值，是估不准的。其后，从 2015 年开始出现利润，到 2018 年公司整体盈利约 20 亿元。

第二节　四个象限的波浪型分解

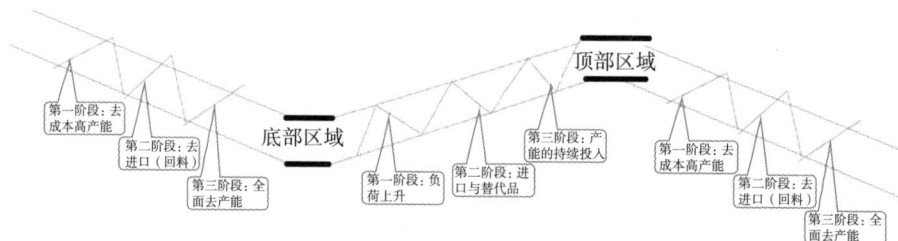

图 8-3　波浪型分解

行情大都分布在2、4象限，即行情在变好或变差的过程中。顶部与底部占据了两大象限，但实际上在此停留的时间很短。

在行情由底部区域走出并趋于变好的过程中，有如下表现：（1）库存逐步降低；（2）基差走强；（3）利润走好，且绝对价格向好。行业开始盈利，由龙头企业盈利逐步波及一般企业。

在行情由顶部区域下跌并趋于变坏的过程中，有如下表现：（1）库存在累积；（2）基差走弱；（3）利润降低，绝对价格逐步下跌;(4)行业开始亏损，由一般性企业亏损逐步波及大型龙头企业。

行业变坏或变好的过程是漫长的，对应的价格行情也非一蹴而就，而是不断地循环往复，这是由供给或需求结构所决定的，请看下列公式：

$$供给 = 已有装置产量 + 剩余产能 + 进口 + 替代 \qquad （1）$$

$$需求 = 刚性需求 + 扩大需求 + 投机需求 = 下游产量 + 出口 + 替代 \quad （2）$$

在新一轮产能的投资周期中，产能扩张先是将成本高的装置打掉，如已有的高成本装置、进口产能中的高成本装置。如此之后，供应扩张会打折扣，甚至在某个阶段，虽然产能在扩张，但实际供应反而在减少。供应总量小于需求总量时，供应缺口需要通过价格上涨来刺激填补。当价格过度上涨后，新产能进一步加大投产，之前降负的装置开起来了，价格会再度下跌，价格此时下跌，会集中打击进口产能。进口产品中无差异化的产能被打掉后，价格再次反弹，会带来产能的再次扩张，此时会对剩余的装置产能形成打压，价格几乎就在现金成本平衡时，引发落后产能被逐渐淘汰，或被优势产业并购。此时，行业几乎走到了尽头，开始步入底部区域。

上述分析说明，当行情进入下跌阶段，往往是供应总量扩张大于需求总量扩张所导致。如进入第三象限，需求开始增长，产能扩张进入停顿期，此时需求总量大于供应总量，产品价格上涨。它一开始表现为产能负荷上升和进口产能恢复，供应阶段性得到缓解，价格出现下跌。价格下跌中，需求增加并未停滞，供应增加的持续力则较差，此时需求总量再度大于供应总量，产品价格上涨，带来部分产能扩张（建设）及替代品需求的出现，价格会出现回调。如此循环往复，都是以价格上涨带来产能扩张，从而使最终供应总量能完全覆盖需求总量。

如上波浪型与价格波动的分析中，关键要素就是供需结构的不平衡和预期差理论。

跌多了就要反弹，但预期是否算进去了？算进去太多，就不是小反弹，而是大反弹。

涨多了就要下跌，是否对上涨的预期过度？如果是，这种下跌的势头会比较猛。

缺口是一个 Δ 值，对应的价差 Δ 就是涨跌幅。按理，两者间会有一个合理比值。现实生活中，供需缺口的 Δ 是预估的，必然会与实际情况存在偏差。偏差越大，价格行情在运行中的波动就越大。

以上分析了两大区域，即上升区域与下跌区域。位于第2、第4象限的区域停留时间，应如何分析呢？处于顶部区域或底部区域的时间长短，要具体情况具体分析。从根本上来说，要考虑新旧产能进退的难度。如是在顶部区域，增加新的产能装置很困难，总供给超过总需求，导致价格下跌的时间会有一些滞后，此时价格的下跌，更多的是通过需求萎缩达成。同理，如处在底部区域，老装置退出困难，或设备装置之间的边际成本相差不大，可能会有较长的底部区域（参考图8-4）。

我们应该警醒的是，中国经济的增速即将进入瓶颈期，很多行业或产品在底部区域停留的时间会比较长，原因在于该淘汰的装置已经淘汰得差不多了，已有装置的效率很高，需求增量比较差。

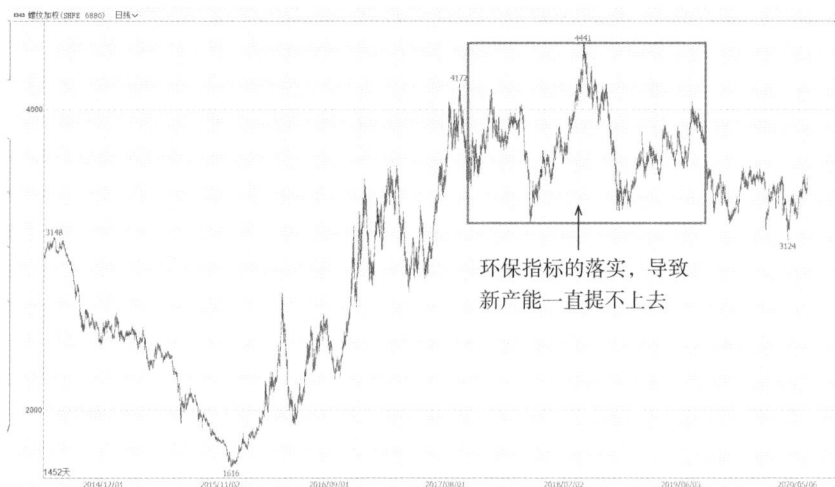

环保指标的落实，导致新产能一直提不上去

图 8-4　螺纹钢价走势

第三节　如何判断行业的景气周期

库存、开工率与利润，用这三大指标基本就能判断某个行业是否处于景气态势。我们用表 8-2 来表示这三个变量的各种组合。

表 8-2　从库存、开工率和利润角度对行业进行分析

	库存	开工率	利润	状态
状态 1	下降	下降	下降	
状态 2	下降	下降	上升	
状态 3	下降	上升	上升	典型的超景气周期
状态 4	下降	上升	下降	
状态 5	上升	下降	下降	典型的超衰退周期
状态 6	上升	下降	上升	
状态 7	上升	上升	上升	
状态 8	上升	上升	下降	

如表 8-2 所示，按照排列矩阵的算法，一共有 2×2×2 即 8 种形态。8 种形态中，有两种经典形态，即分别是"库存下降、开工率上升、利润上

升"及"库存上升、开工率下降、利润下降",前者称为周期中的超景气周期,后者则是超衰退时期。

如何精准地描述上述三个变量对周期的刻画?我们以聚酯涤纶为例来刻画(见图8-5、图8-6、图8-7、图8-8、图8-9)。

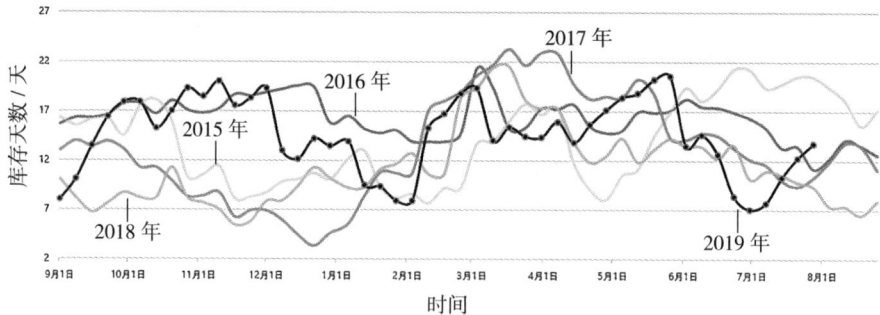

图 8-5 涤纶平均库存天数

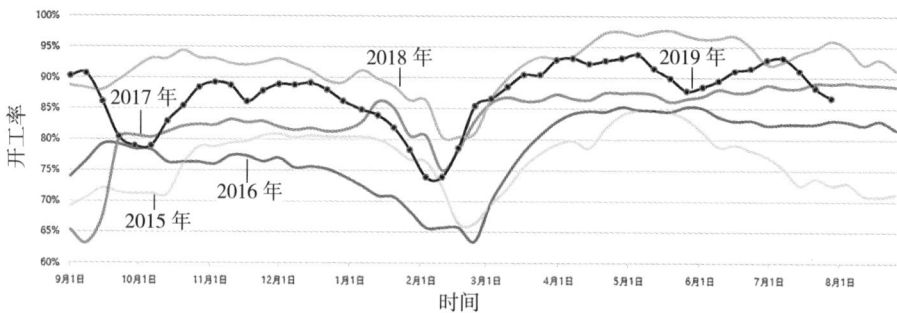

图 8-6 聚酯开工率

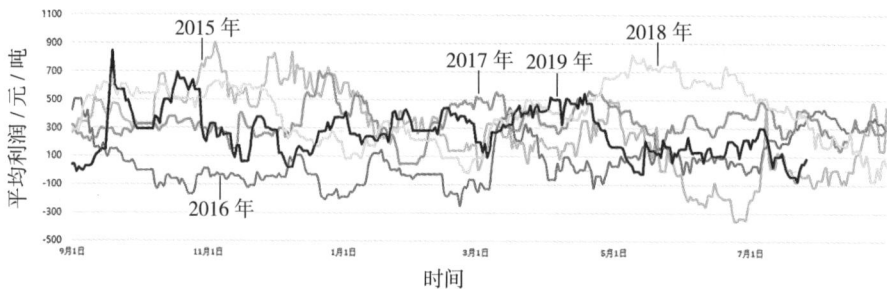

图 8-7 聚酯平均利润

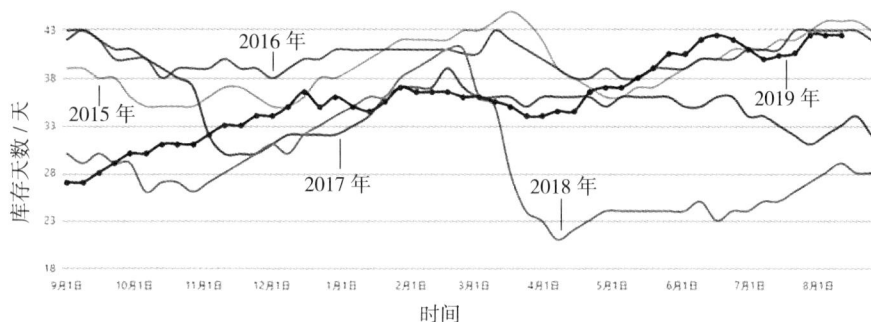

图 8-8 织造产品库存天数

图 8-9 聚酯销产比月平均（销/产）

通过聚酯涤纶的库存，我们发现整体库存虽然具有季节性特征，但还是可以看出 2018 年的 4 月到 8 月，整个库存比过去两年都要低。但此时的开工率比过去两年都要高，整个行业盈利情况与开工率类似，符合周期中高度景气的特征。聚酯平均价格在 PTA 价格的推动下上涨了 50% 之多。

我们判断景气周期的意义在于：

一是作为操作周期性股票的依据。根据前文介绍，运行周期一旦进入象限 3，就可以买入周期性股票，接下来的问题是将股票持有到什么时候。根据景气状态的分析，可以考虑在"库存下降、开工率上升、利润上升"的超景气时期退出。同理，如将此作为行业并购的判断依据，同样是在象限 3 的位置收购该同行企业，而在超景气时期再卖出获利。

二是作为期货交易较好的大周期的判断。对于期货大宗商品而言，最好的买入区域是象限 2 转入象限 1 的转折点上，象限 1 的前期也是很好的买入期。这时的整个市场，几乎都是反向市场，流通领域的现货及基差都很强，这就存在一个问题：该产品做多的持续性如何？这要看周期景气情况，如具备"库存下降、开工率上升、利润上升"特征，可以一直持有，一直到它的下游没有现金流为止，其中的产销率就是评判的关键指标。

同样，如处在衰退周期的初期阶段，做月间价差的反向套利是最好的。因产能上升、需求疲惫，库存开始累积，之前劈叉很大的 Back 结构就会反过来。下跌行情的初期，价差的缩小程度与绝对价格的下跌幅度几乎没有差异。

例如：2019 年 7 月 3 日，PTA 期货开始下跌，TA9-1 价差也从最高的 992 元 / 吨跌至 -44 元 / 吨，最大幅度达到 1036 元 / 吨。而 TA09 的价格则由最高的 6612 元 / 吨下降到 5082 元 / 吨，下降幅度只有 1530 元 / 吨。考虑市场对织造的需求很小，价差 91 的反向套利可以拿得更稳，仓位能上得更多。

同理，如该行业处于衰退期，利润肯定是下降的，一般在下降的第一年，人们对此不太觉察得到，此时卖出对应的股票是合适的。如荣盛石化的利润从 22 多亿元变成负数，整个估值体系出现塌陷。一般而言，衰退的第一年，股价通常会下降 30% 左右，之后就要看预期下降速率与实际下降速率的对比，但股价的整体趋势一定是下跌的，一直跌到进入第三象限。

第四节　价差劈叉、收敛以及运用

我们看看两组价差的劈叉情况。

图 8-10 描述了期货 PTA9-1 价差的劈叉变化。在所有的月间价差中，

PTA9-1的价差因其价差的涨幅有时和绝对价格的涨幅相差无几，是最为突兀的。如此突兀的价差，对应的基差也非常大。在这个时间点上，分析交易对手是一片看多，那么我们的策略如何呢？站在交易对手的角度，我们是要做空的。然而，看着价差，因为要做的主力合约的价格是深度贴水，似乎下不了手。

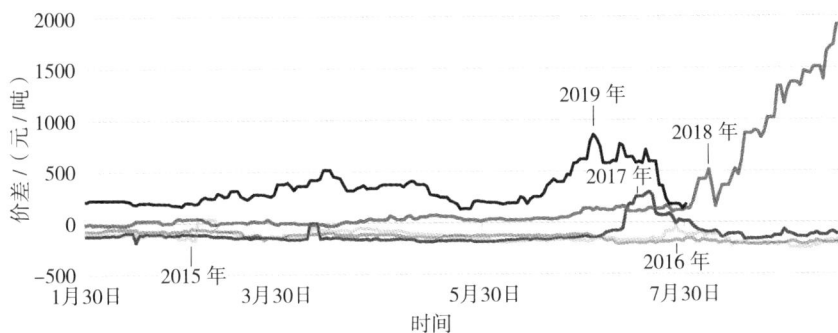

图 8-10　PTA9-1 价差变化

图 8-11 是螺纹钢的基差走势。我们看到的情况是，2016 年年中以后，螺纹钢的现货一直很强，进入一个强势的基差周期阶段。

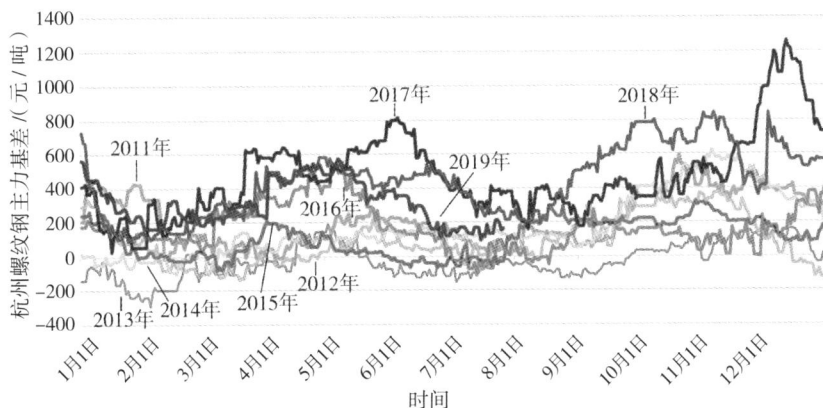

图 8-11　杭州螺纹钢主力基差

只要是商品，笔者认为判断顶与底，先得从自身的供应及对应的盈利能力看起。当全行业的每个企业都盈利时，这就是顶部区域，假以时日，一定会下跌；当全行业的每个企业包括龙头企业都出现亏损时，这就是底部区域，假以时日，该商品价格一定会上涨。

通过对过去数据的经验分析，底部区域出现时，买入行业内龙头公司的股票是最佳方案；当顶部区域出现时，用买入看跌期权的方式参与做空该类商品，或做空月间价差，就是个好办法。

这里提到的做空月间价差有什么特征呢？近强远弱，基差也很强，劈叉非常显著。观察月间价差，需要先看横截面（见图 8-12）。

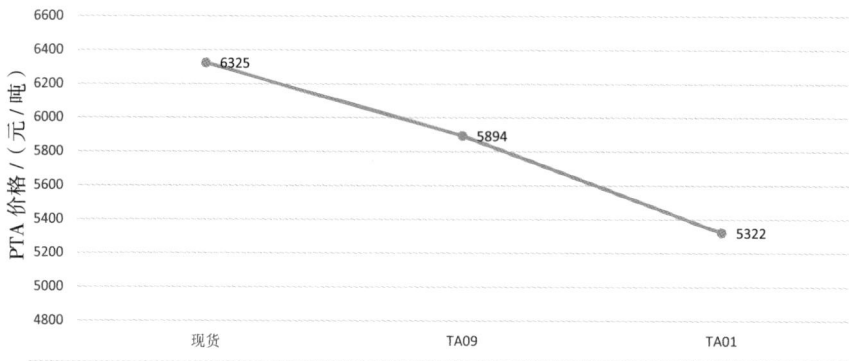

图 8-12　PTA 价格变化

在完全的反向市场结构下，本次价差并没有劈叉到 TA01 没有利润的状态。2018 年是牛市的终点，劈叉最为厉害，91 价差达到了 1800 元 / 吨，TA09 有 2000 元 / 吨的加工费用，TA01 的加工费用一度到了 450 元 / 吨，位于亏损的边缘。

关于牛市的终极价差情景，笔者尝试得出一般性规律。

近期：价格无限接近现货价格；

远期：加工费用让其处于现金成本的状态（假设近期生产越暴利，远期的供应就越充分）。

$$价差 = 近期价格 - 远期价差$$

这里谈到的"期"，一般以月为单位。在某种意义上，这个价差是可以计算出来的。

战略性做多，基于两点考虑：

第一点，就是从基差（价差）定律出发。在牛市中期，价差会劈叉得很离谱，此时要判断供应的数量弹性与时间弹性，如两者的弹性都很差，远期合约可以作为买入配置；如弹性很大，则要考虑做空价差。

第二点，是结合产业周期，看库存下降处在周期的第几年。一般地说，库存下降的第一年，价差结构比较脆弱，还有较大的卖出交割盘，此时的交易方针是大跌大买，或等交割结束后马上买入下一个主力合约。如处在库存下降的第二年，则需要考虑战略性买入，即一次性买入，可采用多次调节仓来增厚收益。

以 PTA 为例，从 2017 年秋季开始算起，PTA 进入库存下降周期，此时单边买入 PTA 的绝对收益空间，是很明显的（参考图 8–13、图 8–14）。

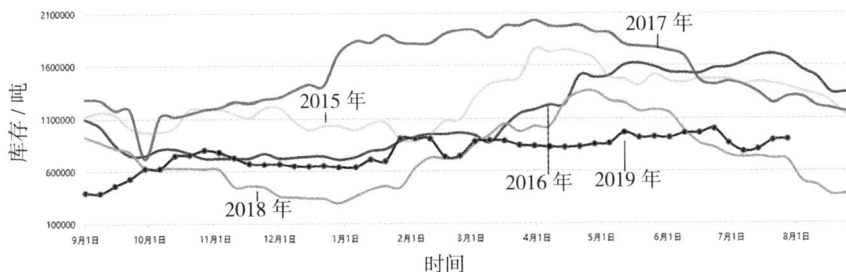

图 8–13 PTA 仓单、聚酯工厂和 PTA 工厂库存之和变动情况

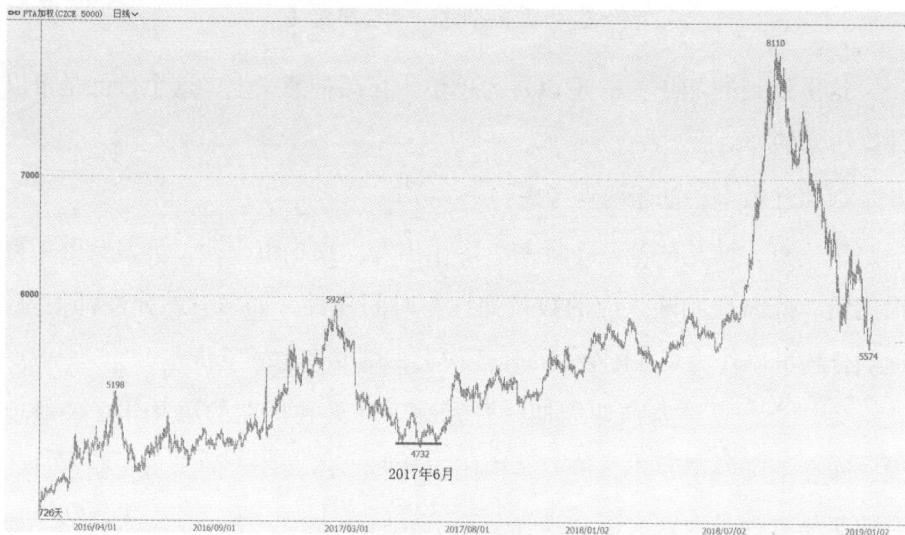

图 8-14   PTA 指数变动

熊市基差（价差）的情景，是怎样的呢?

首先，我们要知道，在期货熊市（行业下降周期）的初期，价差是不稳定的。其原因在于，强基差随库存累积在大幅转弱，市场的预期和高度不一致，市场依然还有下跌就买的强烈气氛。大约运行一段时间之后，价差开始转过来，其特征描述如下：

近期：其价格无限接近现货价格，且价格处在现金成本的附近。

远期：成本加上合理的行业利润。

这是期货市场补贴给行业的，只要抛在远期，就有合理利润，否则该行业就无法运转下去。

$$价差 = 近期价格 - 远期价差$$

我们以橡胶为例（见图 8-15）。橡胶从 2012 年转熊之后，长达 7 年中基差一直为负，且上海交易所的天然橡胶 WF 一直都有"买现货卖期货"的很舒服的套利窗口。

图 8-15　PTA 价格走廊

橡胶行业一直都在亏损，实际情况如何呢？远期合约升水现货，一直给橡胶期货设置更多的价格补贴。当然，有的橡胶企业不用该工具远期卖空，可能撑到 2015 年就破产了。

通过上述分析，我们归纳出以下两点结论：

第一，基差分析一定要运用价差，结合行业利润分析，不然一维的直线分析肯定会出问题。强基差出现时，如利润不高，或利润维持在高位的时间不长，该品种可以作为多头配置。但如利润很高且可以维持较长时间，则用于多头配置时需要十分谨慎。弱基差出现时，如利润很高，可以作为空头配置；但一旦利润很低，且能维持较长时间，作为空头配置就需要慎重，甚至可以作为多头配置。

第二，底部与顶部持续的时间，要看具体品种分类，千万不能用自己熟悉的品种去推导一切品种。本章列举了 PTA、螺纹钢和橡胶三个品种。PTA 是高度市场化的行业，生产弹性大，在产量80% ～ 110% 时不太会出现大问题。螺纹钢和房地产的关联度较大，从 2016 年实施环保政策以来，其供应一直都是非市场化的。橡胶不仅是市场化的，且树龄长、产胶时间久，如供给宽松，则会维持较长时间。

第五节　两个行业波动理论

（一）价格通道理论

分析股市行情时，因行情交易都是以一个月为单位，即约 20 个工作日，故此 20 日均线分析占据很重要位置。为什么如此？其中蕴含了很深的道理。

首先，工厂组织生产是以月为单位；其次，正常情况下，宏观数据都是以月度频段数据来发布；最后，交易所进行交易监管，诸如大户限仓制度，几乎都是以月为单位。

以 PTA 为例，我们将行业基本面的信息，与技术图形糅合在一起予以分析。PX 成本 +550 元 / 吨，目前大厂的保本金是 PX+450 元 / 吨，现金成本价是 PX+900 元 / 吨，是 2019 年 PTA 行业对下游产品聚酯定价的目标价位。根据上述信息画出三条价格曲线，即现货价格、PTA 主力合约价格及 20 日均线期货价格，共计 6 根曲线放在一起描述。具体做法是：

第一步，我们先定义市场的特征，是牛市还是熊市。

第二步，譬如，在熊市的基调下，熊市初期，我们认为超过 900 元 / 吨的 PTA 价格费用处于偏高位置，只要高于该加工费用，都可以抛售。

第三步，在高于该加工费用的基础上，看实际期货价格偏离 20 日均线已有多长时间，偏离的时间越长越好。

第四步，依据第二步和第三步，考虑对交易对手及宏观经济大势的判断，来决定是否抛售。

第五步，根据 K 线组合的描述，做加减仓操作。

（二）库存季节性分析理论

行业周期套着库存周期，首先，需要观察该库存周期处于哪个阶段；

其次，再看升水或贴水的状况。卖期货需要考虑升水，买期货需要考虑贴水，同时注意以下规则：

（1）买期货贴水，一定不要买在蛇尾，即库存下降的两年末期，如PTA 在 2019 年的两次贴水都是大幅回落。

（2）卖期货升水，不能卖到凤尾，即库存上升的末端，此时库存已经经过 2 ～ 3 年的累积，处在行业景气周期最差的时候。

（3）"卖期货升水、买期货贴水"的较理想情景之一，即前者处于熊市的开启之处，后者处于牛市来临的初期。

为此，不能纯粹根据升贴水来跨品种套利。升贴水仅是冰山一角，冰山下面的东西，是对多或空的两个基本面的扎实分析，如何处理才让股价的波动率降低？

首先，清楚该行业的景气周期，看目前处在周期的哪一个阶段。

其次，区分季节性。有的品种尽管可能处于熊市，但季节性特征十分明显，如甲醇的基本面很弱，冬季也能上涨 1000 元 / 吨。

最后，要看产业主体的套保方向，如具有寡头垄断优势的企业做反了方向，挣钱就比较难。

根据这一理论，可以预判 3 年（如从 2019 年末开始）的走势，并尝试着操作买天胶卖 PTA，处理细节如下：

（1）天胶期货如何升水？尽量考虑用买入看涨期权来处理，或用买入橡胶类的上市公司股票来替代。

（2）观察 20# 标胶期货上市的表现，尽量避免橡胶的换月行情。

在图 8-16 的套利分析中，2016 年，两者的价差是 18000 元 / 吨，当下只有 5300 元 / 吨。如追溯到 2011 年初，橡胶 PTA 价差达到了 32000 元 / 吨。

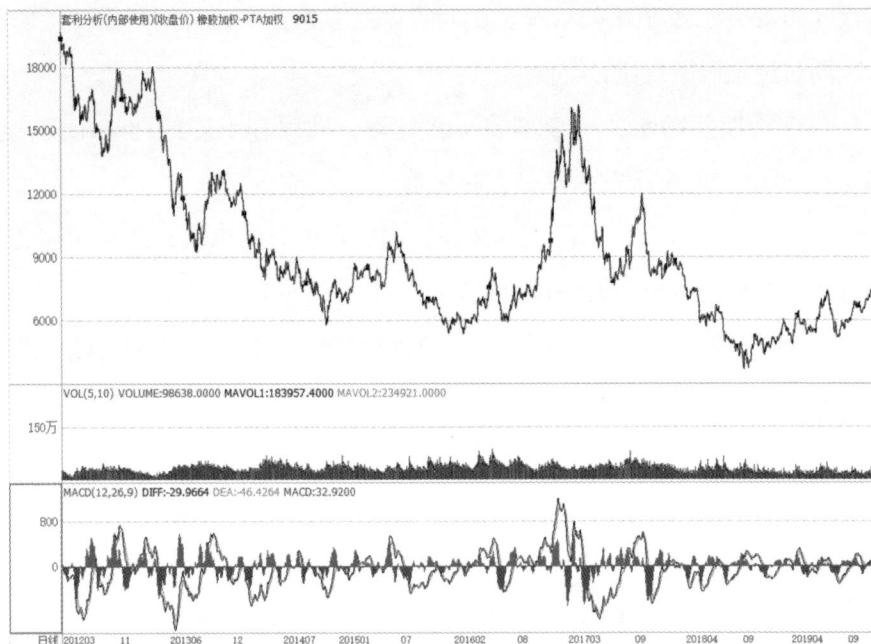

图 8-16　套利分析

我们通过分析基本面获悉，胶企按照现货价格出售自产的橡胶，几乎都处于亏损状态，该价格已于低位维持了 7 年时间。

PTA 的熊市周期比较显著，从 2019 年 10 月份起，PTA 未来两年投产的产能超过 1000 万吨，PX 投产的产能超过 1300 万吨，无论原料还是自身的状况，都是极度宽松的。

前景似乎很确定，但行进的路径是波浪形的，这在本章已经做了初步探讨。第九章将在实操环节做进一步的展开。

第九章 │ 组建行情管理系统 │

笔者在《PTA：期货基础与期货实战》一书中，曾经仿写了电视剧《北京人在纽约》中的一句话："如果你爱她，就让她去做期货，那里可能是天堂；如果你恨她，就让她去做期货，那里可能是地狱。"

第一节 趋势判断系统

趋势判断系统的构成见图9-1。

图9-1 趋势判断系统构成

投资系统的组建，包括判断大趋势、处理预期差、用好杠杆、做好复利四个层面。在判断大趋势方面，有人将行业分析称为基本面分析，宏观分析则是单独一块。笔者则认为宏观和行业都是基本面，应该放在一起处理。预期差就是处理趋势中的波动问题，行业上涨或下跌的过程并非匀速进行的，因此，有效认识预期差非常重要。这里说的就是期货的杠杆。复利威力无穷，关键在于有一套稳定的盈利系统，能与时俱进，并且期间连续不中断。

（一）宏观与行业的基本面分析

过去，我们很多时候谈到的基本面分析，都是行业分析；而分析行业的人士，则都喜欢跳出该行业，琢磨宏观层面的问题。但这些宏观数据和状况到了他们的手里，又都变得油水分离，没有很好地融合在一起。当下，宏观经济大势对行业的渗透性越来越强，甚至直接参与到行业的产品定价中来。在商品期货的宏观和行业的分析中，我们列举螺纹钢和 PTA 的例子进行分析（见表 9-1）。

表 9-1　螺纹钢和 PTA 的宏观形势与行业分析

	宏观形势	行业	处理方案
螺纹钢	供给侧改革力度大，环保控制着供给	库存持续低位、利润高、基差强	宏观影响着绝对的供需关系
PTA	原油成本、人民币汇率对成本影响	PX 在 2019 年疯狂投产的预期，纺织织造遭遇贸易战的影响	宏观影响着 PX 的成本支撑

在宏观与行业的分析模型中，笔者在以前的书籍中做了一套分析方法（见图 9-2）。

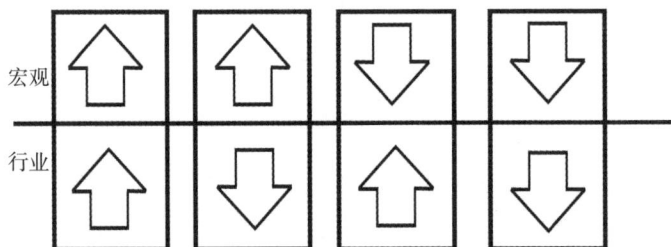

图 9-2　宏观与行业分析的四种形态

图 9-2 的上面代表宏观形势，下面是行业形势，从左往右看，一共有四种表现形态。第一种形态，因为宏观与行业的驱动力都是向上的，有很大的概率在上涨；第四种形态中宏观与行业的驱动力都是向下，有很大的

概率在下跌。第二种和第三种形态则需要具体问题具体分析。

这里的宏观分析尤其要提到差量分析，有的宏观因素是直接渗透到行业之中的，则要优先分析；有的宏观因素则需要通过系统力量对行业发挥影响力，虽然影响较慢、较弱，但也值得关注。宏观分析的层级见图9-3。

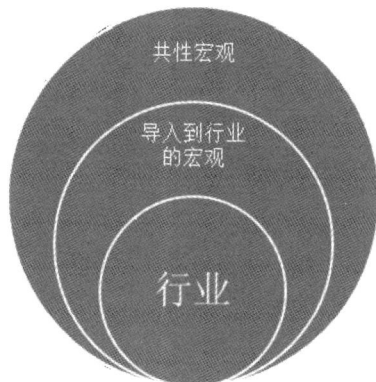

图 9-3　宏观分析的层级

比如，央行收紧银根对宏观层面的影响，是共性的。它不仅对螺纹钢有影响，对 PTA 也有影响。但对螺纹钢的影响，则一定要通过房地产对螺纹钢的需求来发挥作用。房地产、基建和制造业，是宏观需求的三大要件。房地产行情的冷暖，对每个行业的影响程度大小不一，对沪深股市行情的影响最大，有色金属次之，紧接着是化工行业，受影响最小的是农产品。

（二）技术分析——入场点

技术分析的流派很多，有人主看 K 线组合，企图通过 K 线的不同组合来判断市场节奏。这种节奏更多地适用于期货，并运用杠杆以获取较大的收益。有人专注于均线排列，尤其注重均线是否远离，均线是向上分叉还是向下分叉，依此来判断市场走势。这种形态用于分析中长期趋势比较好。波浪形理论较复杂，分支多，可称为"千人千浪"。它的可贵之处，在于用自然的东西来解释价格波动现象。还有用指标分析的，如 MACD、KDJ 等指标，背离及超买超卖等专门术语，也有哲学的理论根据，如超卖三次，交易量出现萎缩，则有可能反弹等。

笔者曾经拜访过很多擅长技术分析的投资者，虽然有人说技术分析的创立者几乎都不赚钱，但不影响有人用它赚到了钱，而且是赚到了大钱。笔者在技术分析上喜欢比例轨道和蜡烛图等。

（三）主要交易对手（见表 9-2）

表 9-2　主要交易对手

基本面	主要交易对手	持仓
多	做多	多 ++
多	做空	多 / 观望
空	做空	空 ++
空	做多	空 / 观望

什么是主要交易对手？其必须符合两个标准，一是行业里的垄断企业或寡头垄断企业；二是参与企业的经营很深，即将企业作为产销渠道甚至控制价格的重要途径。如 PTA 期货品种的逸盛石化、恒力石化，就是这样的企业。

另外需要注意的是，重要交易对手即意见领袖的持仓变化，也非常重要。什么是意见领袖？一类人在这个行业做了很多年，业绩相当出色；另一类人则是资金量大，对盘子的升跌有相当的影响。

举例来说，2018 年国庆节后，笔者听到行业中有某某人在 PTA 期货上亏了大钱，原因是做反了方向，空头和多头搞反了。此人一直被笔者视为精神领袖，业绩非常出色。2018 年 10 月 10 日，PTA 期货的那种断崖式下跌，证明了这个人的眼光独到。事后笔者分析，他可能是错在没有很好地把握住时机。

在 PTA 方面，为什么 TA1809 的价格能搞上去？核心因素就是信用仓单的规模被大幅压缩，其他产品的基本状况相同，虽有一定好转，但变动不是特别大。

（四）三者如何使用？

笔者认为，对中小型投资者，应该以技术为导向，出现非常明确的买点或者卖点信号后，要立即展开基本面分析，以此来判定行情的延展性程度。如行情的延展性好，则进一步分析主要交易对手和意见领袖的持仓情况，从而确定持仓的规模。

作为大型的机构投资者，其本身对盘面就会产生很大的影响，所以不能以技术面作为导向。大型机构投资者应该以基本面作为买入点或卖出点，以技术形态的走势（即盘中力量的动态变化）来评估基本面分析的偏离。如两者在后续中出现了良好的拟合，交易对手是中性持有，也没有做错；如果出现重大的逻辑偏离，则可以考虑加大持仓。

市场很有可能会出现这样的情况，如主要交易对手或意见领袖出现了逻辑失误，往往是大型机构赚取超额收益的时候。

第二节　预期差带给价格的波动性

预期差分为预期错误和预期偏离。预期错误，指事件在运作方向上完全错误，比如认为供给增加，实际上却是减少的。预期偏离，是指事件运作在程度或时间上的偏离。现举例来说明这个问题（见图 9-4）。

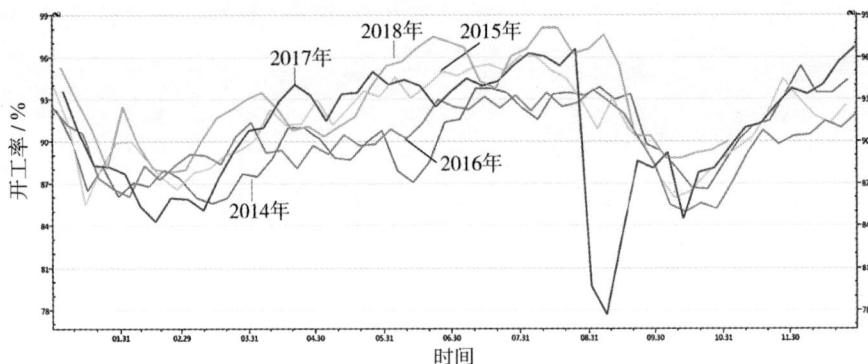

图 9-4　美国炼油厂开工率变化

从每年的 3 月初起，美国炼油厂的开工率都会往上走，这是符合预期的。但 2019 年的开工率，比过去 4 年的均值都超乎预期的高，这就形成明显的预期差。美原油从 76 美元 / 桶处自由下跌，且没有得到有效支撑，其中一个缘由，就是美国炼油厂的开工率下降速度过快，这是大多数的市场参与者没有认识到的。

我们再以 PTA 为例来说明这个问题。

在 2019 年，PTA 期货面临的最大问题，是 PX 的大规模投产，该投产规模包括绝对量的大小与增加的比例，这些都是过去没有的（见表 9-3）。

表 9-3　2019 年 PX 投产情况

国家	装置名称	生产规模	投产时间
中国	浙石化 1 期	400	2019 年 7—8 月
中国	中金石化 2 期	160	2019 年某时
中国	海南炼化 2 期	100	2019 年某时
文莱	恒逸文莱 1 期	150	2019 年 5—7 月
中国	恒力石化 1 期	434	2019 年 3—4 月
合计		1244	

我们看到 PX 的投产规模非常大，但 PX 没有期货，于是市场将 PX 的利润压到 PTA 上来。当时，PX 有 590 美元 / 吨的加工费用，在历史上只要

投产超过 10%，PX 的加工费用就会降到 250 美元 / 吨甚至更低。按照历史与现实的比较，我们认为 PX 在当下至少会下跌 340 美元 / 吨，远期的 PTA 期货按照当下的 PX 来计算，可能会出现 PTA 低于 PX 成本的表现。

图 9-5 就是市场对 PX 的一致性预期，即 PX 未来的加工费用，保守估计为 340 美元 / 吨，还有很大的下跌空间。以 2018 年 11 月 9 日的 1133 美元 / 吨的价格计算，下降到 793 美元 / 吨，制造 PTA 的 PX 成本是 4300 元 / 吨。按照 PTA 要求的加工费用 550 元、650 元、800 元、1000 元计算，PTA 的合理价格在 4850 ～ 5300 元 / 吨。为此，如考虑未来的价格上限 5300 元 / 吨，当下的 PX 成本就已经达到 6150 元 / 吨，市场在这里会形成图 9-6 所示的预期。

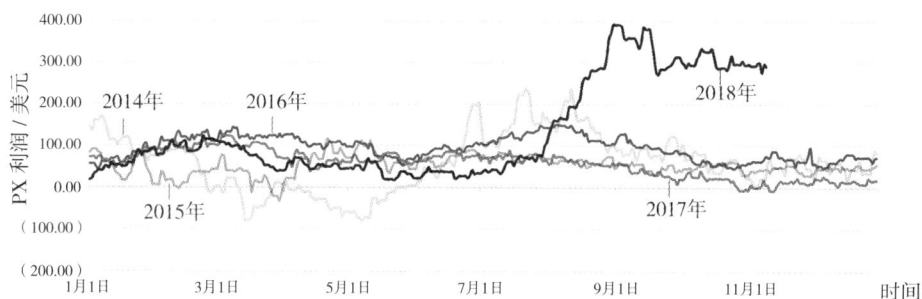

图 9-5　PX 利润变化

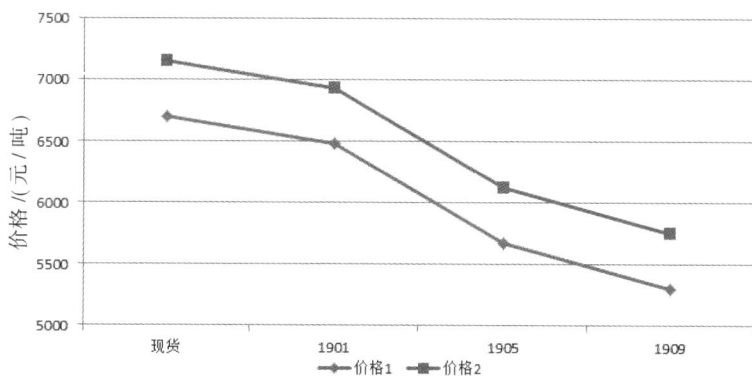

图 9-6　基于预期的 PTA 价格排列

PX 投产的时间推后，对期货合约的定价就存在着预期差，且随着时间的推移，PTA 期货的价格会反弹得越强。这种反弹不仅会反映 PX 的变化，还会把 PX 对 PTA 的期货做空的成本也打进去。这就是预期差在商品定价中的变化。交易是科学与艺术的结合，原因就在于此。

这里顺便提到股市。邱国鹭先生在他的博客与投资书籍中，均提到愿意在每年的 3 月 15 日（消费者权益保护日）买入消费层面的龙头股。因为有很多食品、日用消费品的黑幕，都会在这一天被曝光，只要是与消费有关的股票都会下跌，这就是市场情绪的过度反应了。

第三节 杠 杆

杠杆是一把双刃剑，用得好，可获得多倍收益；如用不好则会带来多倍的亏损。要使用好杠杆，不仅要对行情运作的大趋势与预期差有较好把握，还要对交易属性及升贴水等因素做有效的评估。

交易属性这个词并不多见，但很多投资报告多少都会蕴含这一层意思。交易属性是指该笔交易可能跨越的时空，即对风险收益比的考量（见表 9-4）。

表 9-4 交易属性分析

类型	安全边际	驱动力	杠杆处理	风控
投机	适中	短期驱动力强，长期状况难以确知	可以多倍	止损较小
投资	强	中期逻辑清晰	杠杆适中	止损设置适中
配置	极强	短期驱动力不知，长期驱动力很强	去杠杆	止损设置可以放大

笔者认为，如何使用杠杆，首先要分清投资属性，否则极容易掉进阴沟里。这里举几个例子：

（1）2012 年大豆压榨亏损并超过历史峰值（见图 9-7）。

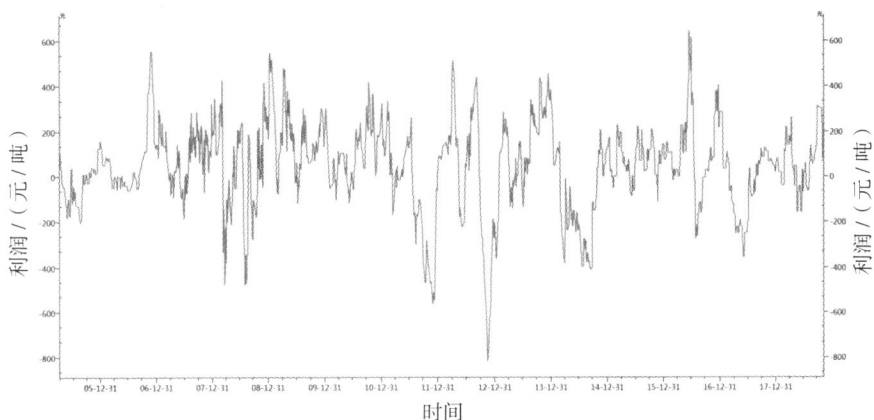

图 9-7　进口大豆压榨利润变化的情况

　　美国进口大豆价格在疯狂地上涨，豆油制品的价格却在下跌，豆粕的行情虽然也在上涨，但幅度远不及美国进口大豆。2012 年国庆之后，进口大豆榨油的亏损超过了之前的峰值（见图 9-7）。此时有机构交易者认为该交易行情是不可持续的，因此用了较大的杠杆购买豆油和豆粕，并卖出美国进口大豆。结果是榨油亏损穿过 –600 元 / 吨，直接达到 –800 元 / 吨，瞬间极大的价差走向，让这名交易者暴亏，之后，市场马上又回归理性。市场的最终回归理性，只用了 2 个月时间，压榨价差即从 –815 元 / 吨回到正常的 99 元 / 吨。

　　这里有个很痛的感悟，就是对市场越有信心，加的杠杆越重，最后死亡的概率也会越大。我们的深思是，有没有办法来抓紧此类机会，同时又大大减弱其间的风险？

（2）2018 年的 A 股交易（见图 9-8）。

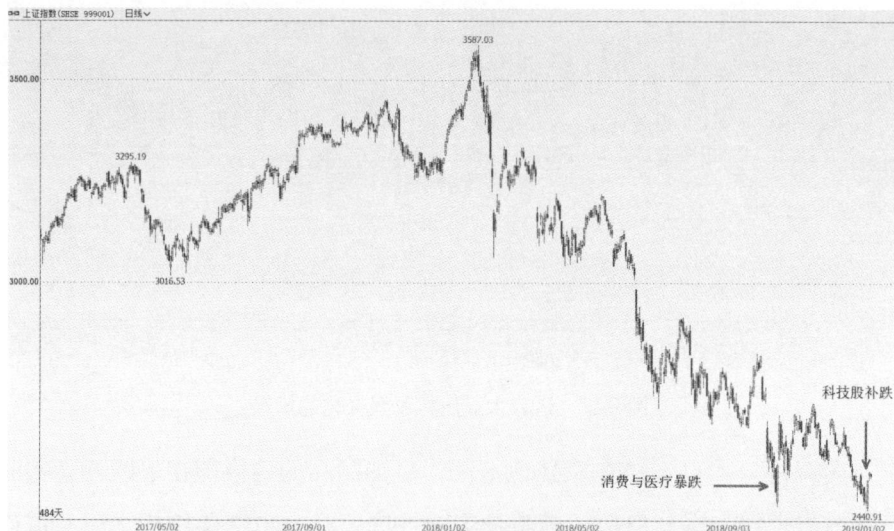

图 9-8　上证指数走势

2018 年初，全球看好中国的新一轮政治周期，境外资金都在涌入中国股市，人民币对美元汇率从 6.9 元 / 美元升值到 6.24 元 / 美元附近；国内的私募基金如雨后春笋般地涌现，公募基金更是当仁不让。不少公募基金发行出现"秒盘"，基金的发售配比达到了惊人的 20∶1。

股市暴跌的末端，即沪股行情跌到 2650 点以下的位置时，有人出来抄底。对股市未来发展信心的强弱，决定了持仓的比重。在 2650 点之前，消费品和医药类的股票表现一直是很抗跌，从而市场认为抄底要炒强的，结果呢？买了之后就补跌。

为什么会补跌？有人总会找原因，说通胀预期的加剧，致使消费者消费的档次和行情都会出现降级。笔者认为，实际原因是市场并未有较大下跌，只是个别股票的流动性太差，基金为应对赎回不得不出现这些买盘行为。科技股题材对此的反应更加敏感，如中美贸易战的加剧，让股市中的科技股一骑绝尘。结果 2018 年国庆节后，科技股立即出现了 30% 的平均跌幅。不少股票型私募基金在这种结构性下跌中折戟。

这个教训是，尽管你看对了平均数，但在结构细分市场方面，现实依然会跟你开个大玩笑。

当行情急转直下之时，我们需要冷静。期货杠杆一定要控制好，你不会输在真理上，但可能会输在时间上。如果我们一定要采用杠杆策略，则可以采用买入期货（call）来表示我们的选择。买入（看涨/看跌）期货，适用于以下类型的交易：

（1）期货价格远期升水，但绝对价格很低了，我们也知道市场行情即将反转，但不知何时反转，则可以采用买入看涨期货的方式来达到目的。

2018年11月12日，某期货公司报RU1905期货，在11300元以上的看涨期权费300元/吨（为期两个月）。如果未来价格一直在11300元以下，就会损失300元/吨，意味着最大的亏损是300元/吨。如果拿着RU1905的期货合约，未来期货不涨，现货维持10200元/吨的价格不变，则面临的亏损是1100元/吨。一旦橡胶的现货价格下跌，实际的亏损会更大。

我们一直考虑橡胶期货可能会涨，用期货买入的策略比期权至少贵800元/吨。同样的亏损幅度，期权的杠杆至少是期货的3倍。当然，如确定行情上涨，300元/吨的期权费，就变成真正的费用了。

（2）期货价格远期贴水，但绝对价格很高且有丰厚的利润。我们知道行情随时都可能反转，则可以考虑采用买入看跌期权的方式来处理这个交易。

螺纹钢现货比RB1901升水500～600元/吨，用期货工具做空，短期存在着很大的不确定性。只要有关方面加大环保力度，限制产量，极容易出现期货贴水回填的现象。此时买入看跌期权，就很舒服了。按照某公司的报价，买入到12月12日（2018年）执行的RB1901的期权费，只需不到100元/吨。

在上述大豆的榨油利润的例子中，如采用买入期权的方式，就能有效化解因时间延迟到来的风险。投资绝非易事，这种不易在于一定要知道，你希望很轻易地得到你想要得到的东西，就必须为此付出代价。

综合趋势判断、预期差管理及杠杆使用三种方法，我们需要熟悉以下公式：

$$效能 = 效率 × 时间 \qquad (9.1)$$

这里的时间可以年、月和日为单位。在行情预判中，如果是牛市，商品价格几乎会普涨50%。这是一个平均数，有的基本面差的品种涨不到50%，有些品种的基本面还过得去，但因主力控制着盘面做空，一直无法达成有效上涨，但市场最终会拨乱反正。同理，在熊市中，商品价格会先普跌30%，有的商品因各种原因跌的速度趋缓。我们需要探讨的是，某个品种的行情一旦走上正轨，它会如何演绎？

$$效率 = 效能 ÷ 时间 \qquad (9.2)$$

以PTA为例，截至2017年底，南华商品综合指数在这轮行情中上涨了56%。但PTA期货从4300元/吨涨到5500元/吨，上涨了28%，远低于市场的平均涨幅（见图9-9）。

图9-9　PTA指数与南华商品指数对比

我们看看从2016年开始，PTA市场发生了什么。一是上面提到的主要交易对手一直利用信用仓单的优势在做空 PTA；二是在这两年时间中，PTA 上下游的业绩都是在改善的。如果按照 50% 的平均涨幅推算，PTA 价格需要达到 6450 元 / 吨。当时 PTA 未能上涨到这一程度，需要在后面条件允许时补上这一课。时间越短，市场的效率会要求越高。行情在 5800 点的位置发动，允许的时间只有 0.2 年（2.4 个月）。我们来计算一下：

$$3250 元 / 吨 =650 元 ÷0.2 年 \qquad (9.3)$$

PTA 市场的顶部在 9000 点附近，这是一个多么神奇的计算。为此，我们称上述公式是效能转换公式，也称为信仰公式，只要你坚信逻辑推理并发现那种劈叉，这种奇妙的事情就一定会到来。

我们用效能公式来推演一下螺纹钢：

本轮南华综合指数的高点是 1476 点，如果按照熊市的标准，则会下跌 30%，即跌到 1033 点。在当前所有的工厂里，因供给侧改进制度的支撑，生产螺纹钢都是盈利的。如果没有该支撑会怎么样呢？支撑的时间越久，最后倒下的速度越快、程度越深。譬如，螺纹钢在这个位置，仅象征性地跌了 10%，之后由于期货贴水而横盘。一直到下年度中期，商品指数跌了 30%，这意味着螺纹钢在未来很短的时间内，需要跌去 840 元 / 吨（20%）的幅度。这种情况一定会到来。同期，社会对钢材的需求量每年下降 1 亿吨，最后在 3 亿～ 4 亿吨 / 年才宣告稳住。如没有相应政策的支撑，期望传统的落伍行业会出现全行业的盈利，是不可持续的。

第四节　复　利

复利指的是复合收益，又称为利滚利。投资理财中的复利现象（见表 9-5），被巴菲特称为世界的"第八大奇迹"。巴菲特的投资之道之所以被世人所称道，就在于他能在长时间内持续地获取复利。

表9-5　复利现象

年利率	3%	10%	11%	20%	21%	25%	29%	30%
5 年复利	1.16	1.61	1.69	2.49	2.59	3.05	3.57	3.71
10 年复利	1.34	2.59	2.84	6.19	6.73	9.31	12.76	13.79
15 年复利	1.56	4.18	4.78	15.41	17.45	28.42	45.59	51.19
20 年复利	1.81	6.73	8.06	38.34	45.26	86.74	162.85	190.05
21 年复利	1.86	7.40	8.95	46.01	54.76	108.42	210.08	247.06
25 年复利	2.09	10.83	13.59	95.40	117.39	264.70	581.76	705.64
26 年复利	2.16	11.92	15.08	114.48	142.04	330.87	750.47	917.33
29 年复利	2.36	15.86	20.62	197.81	251.64	646.23	1611.02	2015.38
30 年复利	2.43	17.45	22.89	237.38	304.48	807.79	2078.22	2620.00

　　复利的威力在于，一是对利率水平高度敏感，二是对时间长度十分敏感。

　　在表9-5中，我们看到这几种变化：

　　（1）年利率设定从3%到30%不等。利率30%是3%的10倍，在开始阶段，这种差异体现得不是很明显，随着时间的推移，则呈现出指数化的极大落差。如第五年末，3%的复利是1.16，30%的复利是3.71，30%复利的结果是3%复利结果的3.2倍；到第30年的时候，结果变成了1079倍。

　　（2）上述第（1）点分析的是利率设定较高的情况，最终的差距会很大。现在需要观察的是，在利率相差很小，如只有1%时，最终随着时间的流逝，这种变化又会如何呢？结果如图9-10所示。

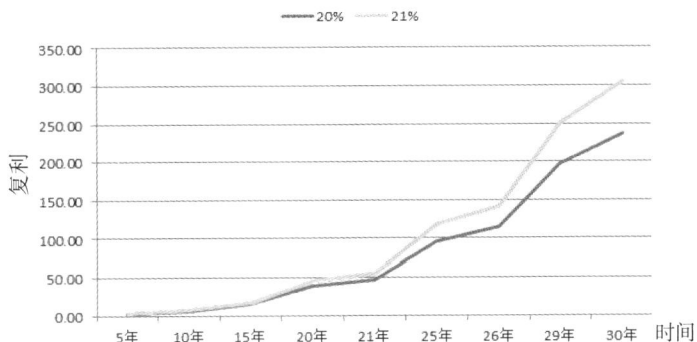

图 9-10 利率相差 1% 的复利变化

　　对上述复利的分析，还可以发现很多问题。在表格中感觉不直观，但如果画到图中，感觉会更加明显。在前 20 年，复利的差距几乎看不大出来，但之后的差距就日益显著起来。

　　（3）时间间隔只有一年，但设定的利率不一样，最终得出的隔年的结果差距，也是大相径庭。在年利率为 3% 的时候，26 年比 25 年复利结果多出 0.07 倍；在 20% 的年利率下，这个数字是 19.08 倍；年利率到了 30% 的时候，则变成 211.69 倍。

　　从上述的分析中，我们可以认识到复利的重要性，也认识到构筑复利系统，是投资成功的必修课。同样，上述提到的系统建设中的趋势研究、预期差管理和杠杆使用等综合能力，最终都要观察能否持续获取复利并做出评估。如果间或赚、间或赔的话，则需要去完善这个系统。

　　笔者走访过很多优秀的投资者，然后加入自己的领悟，认为要做到投资复利，必须具备以下几个条件：

　　（1）大前提：国泰民安，复利的积累不中断。我们要清楚，永久复利只能是理想状况。为什么不能获得永久复利？因为会有战乱、朝代更替和社会动乱来破坏它。北宋到现在差不多 1000 年了，如果那个时候我们的祖先向人家借出 1 元钱，按照 5% 的利率来复利计算，结果就是一个 22 位数。这显然是不可能做到的。

（2）找到符合自己的利率曲线很重要。做"期现结合"业务的，赚取的是微薄的收益，能够预定的复利利率就不应太高，比银行利率略高一点即可达到目标。做单边交易者，因潜在亏损的风险大，定的复利利率可以高一点。

（3）找到复利周期尤为重要。风险厌恶型的投资者，以从事对冲套利为主，以 2～3 个季度为一个复利单位考核也不为过。如是做单边投机的期货交易者或周期性的股票交易者，可以 3～5 年为一个复利周期。为何要将 3～5 年定为一个复利周期呢？5 年作为一个完整的周期，在熊市的时候折本的比例可能性会低，在牛市的时候抓住大行情则要赚取较大的"贝塔"。

假定一个市场前三年是熊市，每年下跌 10%；后两年是牛市，每年上涨 20%；固定收益债券的收益率为 7%，计算结果见表 9-6。

表 9-6　不同市场行情下的收益率

行情	股票	固定收益债券	年回报率
牛市	80%	20%	17.4%
熊市	20%	80%	3.6%

该投资者前三年的收益是 3.6%/ 年，后两年的收益是 17.4%/ 年。整个 5 年复利周期的年均利率是 9.68%。

（4）运用策略及配置技能，缓冲某个时间单位可能出现的巨亏。对于上面牛熊市的股票策略，我们可以通过资产配置来降低亏损的概率（见图 9-11 ）。

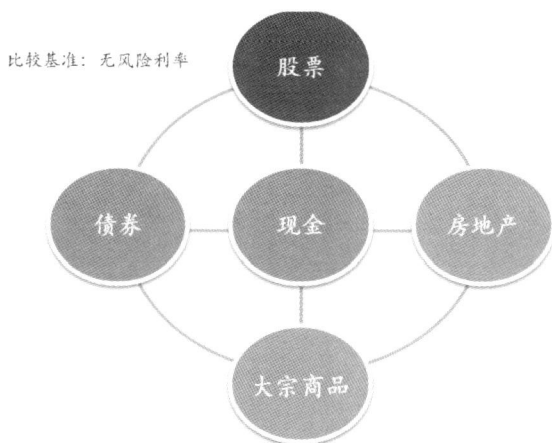

图 9-11 资产配置

资料来源：敦和资管。

　　在当前的市场环境中，将钱财存入银行或购买国债，能够获得一定的利息，可根据图 9-11 进行大类资产配置。在市场复苏阶段，多配置股票，少配置固定收益债券；如经济进入萧条阶段，则多配置固定收益债券，少配置股票。一切都以获得正收益来确定股票和固定收益债券的配置比例。在运行过程中，可能会出现意外情况，要及时予以调整。比如，股市指数的年均下跌，实际超出预期的 10%，则股票配置比例可以进一步放低。

　　投资的核心问题是找准定价。而对股票、债券、房地产和大宗商品这四类资产来说，投资的核心是在无风险的状况下，现金收益率会达到多少。

　　因此，对同一行业来说，从安全边际与驱动力对比来看，安全边际可能更加重要。

　　看完整个周期运营，方知世间盈亏轮回。人一辈子只能活一次，但可见的事物则有多个轮回，弥补了人生的缺憾。由此得出的体会是：（1）身体是 1，是能操作复利的先决条件，投资人应"风物长宜放眼量"。（2）自己与自己对练乃是上策，每个人都是上帝的作品，是作品就要有自己的个性。(3)道法自然。"道生一,一生二,三生万物。"道是无,一是有。行情驱动往往先于事物发生之前,对事物的最终发展验证之,并纠正之。

在经济环境不好的时候,如何配置好投资池中占比10% ~ 30%的股票组合呢?

笔者参考了国外的很多书籍,也领略了一些大家的思路,经过一番自我实践,认为可以采用以下步骤:

第一步:宏观梳理,运用未来智慧能力,找出经济发展的主线条。

第二步:运用相关指标描述该经济发展大势的主线条。

第三步:多处论证,并用相关评价指标筛选出符合条件的股票,形成资产组合。

第四步:如条件允许,可放松某些指标来筛选股票,形成可选用的后备组合。

第五步:回溯以往投资组合的业绩。如业绩表现和经济大环境的描述不相符合,则放弃该资产组合;如大致符合,则进一步优化该资产组合。

以上步骤可用图9-12来表示。

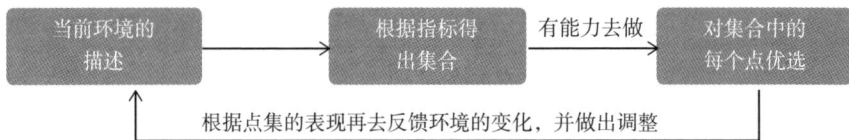

图9-12 多步策略分析法

以上组合投资的步骤,笔者概括成:"抓住大变量,用好核心指标。"举例:中国与美国的世纪争端,必然会再度让"科技是第一生产力"理念盛行(见图9-13)。

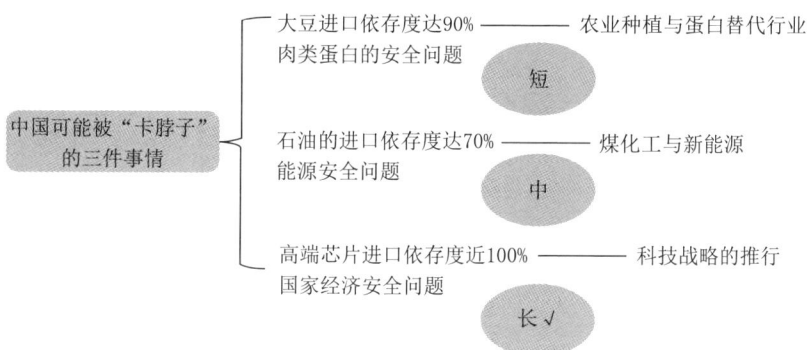

图 9-13 中国可能被卡脖子的三件事

围绕大科技战略的要求，我们用指标描述：连续三年的科研投入占到营业收入的 20% 以上；连续三年的营业收入增长 20% 以上。

当前的股市指数大家都认为很低，那么如何抄底？根据两个指标，一是当下市净率不能高于 2，二是连续三年股息率不低于 4%。

这样通过筛选股票，我们构筑出围绕两个策略的策略组合：一是科技战略；二是抄底策略。我们先看组合（见表 9-7）。

在表 9-7 中，赢时胜、超图软件、安硕信息、艾德生物、长川科技、高德红外、科大讯飞等组合，都属于科技战略，其他股票组合则属于抄底策略。我们来看看这个组合的表现如何（见图 9-14）。

图 9-14 两策略投资组合的总回报率

表9-7 两策略投资组合

分类	证券代码	证券简称	最新价	涨跌	涨跌幅	持仓数量	持仓市值（元）	最新权重	当日盈亏（元）	浮动盈亏（元）	累计盈亏（元）	浮动盈亏率	累计盈亏率
合计（14CNY）	—	—	—	—	3.11%	—	39,539,417.71	100.00%	1,191,152.24	-2,585,393.66	-2,591,724.40	-6.14%	-6.15%
股票（14CNY）	—	—	—	—	—	—	39,453,467.20	99.78%	1,191,152.24	-2,585,393.66	-2,591,724.40	-6.15%	-6.17%
CNY	300377.SZ	赢时胜	13.2400	0.9300	7.55%	145,000	1,919,800.00	4.86%	134,850.00	-305,950.00	-305,950.00	-13.75%	-13.75%
CNY	300036.SZ	超图软件	20.2700	0.7800	4.00%	100,000	2,027,000.00	5.13%	78,000.00	-204,000.00	-204,000.00	-9.14%	-9.14%
CNY	002440.SZ	国土股份	9.2300	0.2400	2.67%	305,000	2,815,150.00	7.12%	73,200.00	-604,540.50	-604,540.50	-17.68%	-17.68%
CNY	300380.SZ	安硕信息	17.1500	0.5200	3.13%	135,000	2,315,250.00	5.86%	70,200.00	-14,850.00	-14,850.00	-0.64%	-0.64%
CNY	300685.SZ	艾德生物	46.1600	4.2000	10.01%	40,000	1,846,400.00	4.67%	168,000.00	-233,600.00	-233,600.00	-11.23%	-11.23%
CNY	300604.SZ	长川科技	34.6000	1.3200	3.97%	164,782	5,701,457.20	14.42%	217,512.24	-98,523.16	-98,523.16	-1.70%	-1.70%
CNY	002414.SZ	高德红外	16.3600	0.4200	2.63%	150,000	2,454,000.00	6.21%	63,000.00	210,000.00	210,000.00	9.36%	9.36%
CNY	000625.SZ	长安汽车	6.5200	0.2000	3.16%	450,000	2,934,000.00	7.42%	90,000.00	-516,015.00	-516,015.00	-14.96%	-14.96%
CNY	603225.SH	新凤鸣	22.1500	0.3100	1.42%	170,000	3,765,500.00	9.52%	52,700.00	21,301.00	-70,029.74	0.57%	-1.87%
CNY	600664.SH	哈药股份	3.6400	0.0800	2.25%	865,000	3,148,600.00	7.96%	69,200.00	-275,935.00	-275,935.00	-8.06%	-8.06%
CNY	000726.SZ	鲁泰A	9.5900	0.1100	1.16%	189,000	1,812,510.00	4.58%	20,790.00	-124,740.00	-124,740.00	-6.44%	-6.44%
CNY	002394.SZ	联发股份	10.3300	0.1700	1.67%	340,000	3,512,200.00	8.88%	57,800.00	158,984.00	243,984.00	4.74%	7.28%
CNY	002230.SZ	科大讯飞	24.3200	0.5800	2.44%	80,000	1,945,600.00	4.92%	46,400.00	-380,000.00	-380,000.00	-16.34%	-16.34%
CNY	002014.SZ	永新股份	5.9200	0.0900	1.54%	550,000	3,256,000.00	8.23%	49,500.00	-217,525.00	-217,525.00	-6.26%	-6.26%
现金资产 CNY	—	—	—	—	—	—	85,950.51	0.22%	—	—	—	—	—

从 2018 年 6 月 26 日到当年 11 月 12 日，沪深 300 指数下跌了 9.24%。本组合的初始资金为 4000 万元，下跌了 1.15%，比大盘少跌了很多。

大类资产的配置中，期货如何切入股市和债市呢？

（1）考虑期货与股市之间存在的联动性。在周期性行业中，如果有期货品种的上市公司，则应该考虑该期货产品与股票的轮动交易模式。这里仍然以 PTA 为例说明问题（见表 9-8）。

表 9-8　2016—2017 年 PTA 策略制定

	2016 年初	2017 年底
荣盛、恒逸、桐昆	市净率约 1.3~1.6 倍	市净率约 3~3.5 倍
PTA 期货	主力合约升水现货 130~150 元 / 吨	主力合约贴水现货 100~150 元 / 吨
策略制定	买入标的股票	买入 PTA 期货

（2）如果两者之间的价值波动没有联动性，则可采用"月间套加单边"的纯期货策略获取复利。笔者拜访过很多著名投资机构，有采用历史数据套利，有采用跨品种甚至是经济指标套利，最后的结果都不够稳定。我们先看"月间套 + 单边"的头寸配置思维框架（见表 9-9）。

表 9-9　"月间套 + 单边"的头寸配套思维框架

配置单边	近期	远期	备注
期货正套	多	空	配置资产头寸方面，单边头寸一定要和套利头寸
期货反套	空	多	相呼应，而不能自相矛盾

围绕上面的单边配置表，我们依次讨论双边和单边的构建因子。

套利头寸的构建：权重最大的是库存变化，库存持续下降，则为正套，反之则为反套。行业结构决定了正套与反套价差的走扩或收窄的程度。宏观状况变化会影响远期升水的幅率，移仓或交割因素则会影响价差变化的分布形态。

套利头寸上加的单边，则要综合考虑货币通胀或通缩的宏观因素、行业形态及库存变化。综合考虑三者之后，再决定单边的配置比例。

不仅如此，单边相对套利头寸的比例，还需要依靠经验的积累，即依赖以往套利头寸的胜率来决定比例的大小。综合这些，我们可以得出基于宏观驱动与经验积累的单边配置方略（见图 9-15）。

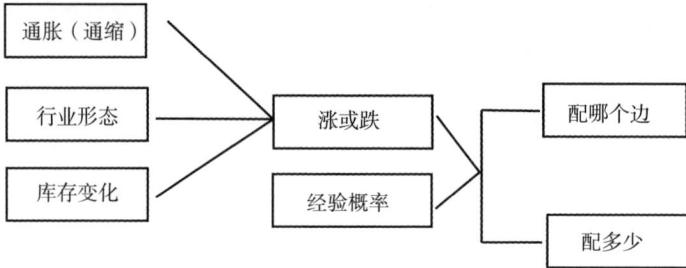

图 9-15　基于宏观驱动与经验积累的单边配置方略

| 第十章 | 损盈规律的认识及运用 |

有道简单的数学题：小明比小东多 12 个苹果，小东再给小明 12 个苹果，问小明比小东多几个苹果？

答案是小明比小东多 36 个苹果。

接上题，如果小明给小东 12 个苹果，现在小明和小东的苹果谁多谁少？多多少？

答案是小东的苹果多，小东比小明的苹果多 12 个。

这就是"强者益强，弱者益弱"的马太效应的简化版。大家投资证券时，为何一直强调要止损，就是防止手中的钱太少，对手盘的钱越来越多，一旦行情如你所预期的那样快速到来，手中可以支配的钱就不够用了。

第一节　投资交易的公式

盈利公式＝盈利概率 × 盈利平均金额—亏钱概率 × 输钱平均金额 （10.1）

其中：盈利概率＋亏钱概率 =100% （10.2）

盈利平均金额 ÷ 输钱平均概率＝盈亏比（赔率） （10.3）

上述公式中，离开赔率，纯粹根据盈利概率的高低来判断是否盈利，是不可行的。同样，如不考虑盈利概率，只根据赔率来判断是否盈利，同样是不可行的。

表 10-1 说明：止损，在某种意义上，就是要及时消除不属于自己的盈利模式。

我们认为，大家要追求盈利，只有两种数字模式比较匹配：

（1）低胜率，但一定要有大的赔率出现；胜率越低，则赔率越大。在高赔率下，如 8:1 的赔率，可以容纳亏损的概率高达 80% 之多。

（2）高胜率，如果有大的赔率更好，那就是"人中龙凤"，事实上不可能。只要有较适中的赔率即可，如盈亏比为 2:1，或 1:1 都可以。如上表，盈亏概率各为 60% 和 40% 时，赔率是 1:1 时，还有 0.2 的盈利。

通过上述分析，我们得知，传统意义认为的"止损就是逻辑认错"，其实是错误的。止损的真正原因，在于所谓的"江山易改，本性难移"。既然我们的性格难以改变，即对事物判断的大小及正确概率无法纠正，那么，我们能够改变的，就只有对赔率的控制。譬如，大趋势的交易可以容纳一定幅度的亏损，但不能超过投资者自己统计的赔率，或者事先交易计划拟定的盈亏比。

止损与止盈，存在着一致性，但也存在不一样的地方。

止盈相对于止损而言，有一点是不同的。在一定回撤范围以内，可以放松数值的概念，更多地去追究逻辑方面的正确性。如逻辑正确，回撤在可以忍受的范围内，还可以继续持有；但如犯了逻辑错误，则一定要坚决清除头寸。

第二节　对止损的再次强调及例证

止损首先是数据指标的，而非逻辑推理的。如从逻辑推理的角度来看止损，也只能将其放置在次要的地位。

2009 年夏秋之间，沪铜比伦铜价格高出 2500 ～ 3000 元 / 吨，如果做

表10-1　盈利情况分析

		赔率情形 1		赔率情形 2		赔率情形 3		赔率情形 4		赔率情形 5		赔率情形 6		赔率情形 7	
		赔率情形	盈亏情况	赔率情形	盈亏情况	赔率情形	盈亏情况	赔率情形	盈亏情况	赔率情形	盈亏情况	赔率情形	盈亏情况	赔率情形	盈亏情况
盈概率	60%	8	4.8	4	2.4	2	1.2	1	0.6	1	0.6	1	0.6	1	0.6
亏概率	40%	-1	-0.4	-1	-0.4	-1	-0.4	-1	-0.4	-2	-0.8	-4	-1.6	-8	-3.2
盈亏结果			4.4		2		0.8		0.2		-0.2		-1		-2.6
盈概率	70%	8	5.6	4	2.8	2	1.4	1	0.7	1	0.7	1	0.7	1	0.7
亏概率	30%	-1	-0.3	-1	-0.3	-1	-0.3	-1	-0.3	-2	-0.6	-4	-1.2	-8	-2.4
盈亏结果			5.3		2.5		1.1		0.4		0.1		-0.5		-1.7
盈概率	80%	8	6.4	4	3.2	2	1.6	1	0.8	1	0.8	1	0.8	1	0.8
亏概率	20%	-1	-0.2	-1	-0.2	-1	-0.2	-1	-0.2	-2	-0.4	-4	-0.8	-8	-1.6
盈亏结果			6.2		3		1.4		0.6		0.4		0		-0.8
盈概率	30%	8	2.4	4	1.2	2	0.6	1	0.3	1	0.3	1	0.3	1	0.3
亏概率	70%	-1	-0.7	-1	-0.7	-1	-0.7	-1	-0.7	-2	-1.4	-4	-2.8	-8	-5.6
盈亏结果			1.7		0.5		-0.1		-0.4		-1.1		-2.5		-5.3
盈概率	40%	8	3.2	4	1.6	2	0.8	1	0.4	1	0.4	1	0.4	1	0.4
亏概率	60%	-1	-0.6	-1	-0.6	-1	-0.6	-1	-0.6	-2	-1.2	-4	-2.4	-8	-4.8
盈亏结果			2.6		1		0.2		-0.2		-0.8		-2		-4.4
盈概率	50%	8	4	4	2	2	1	1	0.5	1	0.5	1	0.5	1	0.5
亏概率	50%	-1	-0.5	-1	-0.5	-1	-0.5	-1	-0.5	-2	-1	-4	-2	-8	-4
盈亏结果			3.5		1.5		0.5		0		-0.5		-1.5		-3.5
盈概率	20%	8	1.6	4	0.8	2	0.4	1	0.2	1	0.2	1	0.2	1	0.2
亏概率	80%	-1	-0.8	-1	-0.8	-1	-0.8	-1	-0.8	-2	-1.6	-4	-3.2	-8	-6.4
盈亏结果			0.8		0		-0.4		-0.6		-1.4		-3		-6.2

海内外套利，扣除套利成本，还有 1500 ～ 2000 元 / 吨的净利。浙江东部某家公司用 5 倍的杠杆做伦铜的内外套利，结果不到一个月，该套利方案以失败而告终，该公司因此决策失误损失了 6 亿多元人民币（见图 10-1）。

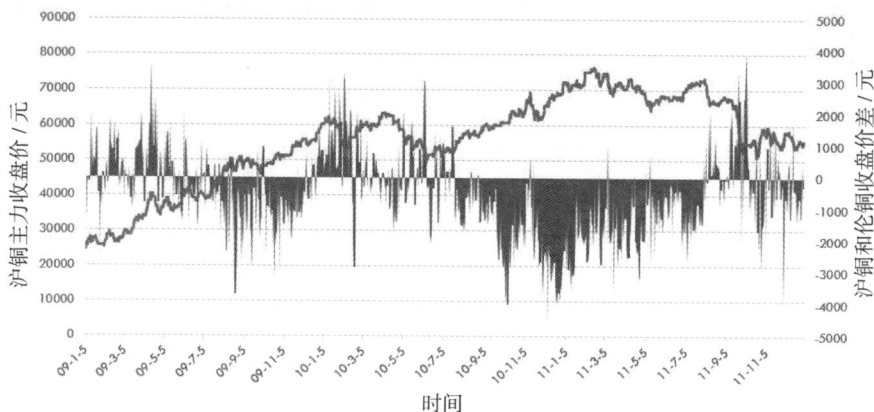

图 10-1　沪铜与伦铜 2009—2011 年的价差走势

在期货投资圈，这个案例估计很多人都知道了，其失利原因无非如下两大方面：

（1）杠杆使用过高，期货需要补充保证金，现货有盈利，但货在海上，价差并没有缩小，现货售卖的意义不大。

（2）前期没有做好资金的预警情景假设，即应对极端情况的预先测试。

第一种情况：现货在漂洋过海中，随着时间的推移，两者的价差会缩小。尽管期货空头亏了钱，但现货能顺畅地卖出去，两者平均下来并不亏钱。

第二种情况：在两者价格同时上涨的情况下，期货涨得比现货多。此时，如期货补充保证金超过了设定的范围，则要及时减仓，让头寸回到资金能覆盖的范围。

第三种情况：在两者价格同时下跌的情况下，现货跌得比期货多。因为现货在下跌的过程中不需要支付资金，而期货下跌则有现金流入，头寸可以持有。现货亏损即便补充保证金，也可以用企业信用做担保，但期货需要补充保证金，企业信用在这里并无用处。

第四种情况：期货价涨、现货价跌，这种情况会否出现？也会出现。期货可以提前反映行情，但现货的主力商因破产甩货，也会导致现货跌价。遇到这种情况，该如何处理？

如果是行业内的机构，一般不会遇到第四种情况，一定会规避掉风险；如是行业外机构，则需要先熟悉行业内的情况，再来参与此事，勿做自己不熟悉的事项。

第三节　止损系统工程

笔者总结的投资交易的三步法见图 10-2。

机会次数

逻辑思路

波动率与策略

图 10-2　投资交易的三步法

投资交易实际是数字游戏，一定要给自己制定一个规则，在一年之内，最大容许的本金亏损是多少？如是做商品期货，一年中会有几次做多或做空的机会？如是做股票，你看好哪些行业和哪些个股，会给自己几次试错的机会？

以期货为例，粗犷一点，一年给两次机会，淡季一次做多，旺季一次做空。以年为单位，最多允许亏损 20%，每次最大亏损 10%。根据这个原则止损，再去寻找机会大、盈亏收益比高的品种操作。

进入操作程序时，则需要基于交易层面理清逻辑思路。以 PTA 为例（参考图 10-3），我们思考一下：在制订计划的时候，PTA 是处于涨势还是跌势？如果涨多了，要考虑做多的行情；如果跌多了，则要考虑做空的行情。我们不是为了自己去创造一个大势，而是要顺应目前已经有的大势。除非你觉得这个大涨或大跌的行情还能延续下去，否则逆势而为，将会给自己的交易带来极大的困扰。

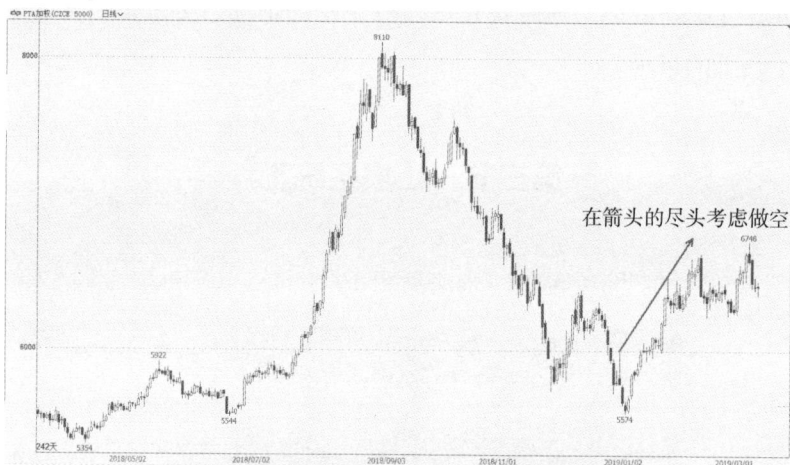

图 10-3　2019 年 3 月初的 PTA 期货指数

这是一种基于方向判断的逻辑推理，如未来需要做空，就要考虑：什么时候会涨得过多？依据宏观判断，1 月份奠定了全年宽松的预期，什么情况下会出现宏观边际宽松转变？对当年实际需求与投机需求基本面，会否出现误判？制定交易对手观测体系，如果你要做空，则一定要在几乎所有人都看多的时候下手。

问问自己是不是喜欢摸顶或摸底，如果是，则要考虑这个位置的波动率很大，要用较小的仓位容纳较大的止损空间。如果是做中继行情，则仓位一定要跟上去，波动率是低了，但中间一段的涨跌幅，会让你感觉很不舒服，即要花更多的时间来实现你对未来行情的判定。

以 PTA 期货指数为例，2019 年 3 月 7 日，经历了 3 周时间，PTA 从 6748 元 / 吨下跌到 6048 元 / 吨，跌幅达到 700 元 / 吨；2019 年 4 月 18 日开始第二段下跌，花了一个月的时间，从 6246 元 / 吨跌到 5540 元 / 吨，跌幅达到 800 元 / 吨。第一阶段的下跌，有几根阴线较长，行情看起来简单，但盘中的波动还是很剧烈的。

在权益类市场，从安全边际与波动率的角度来说，我们要考虑用投资工具和金钱，来表达自己对行情的看法（见图 10-4）。

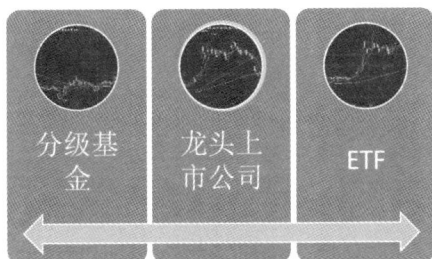

图 10-4　权益类市场工具

（1）在股市行情由底部穿透上涨时，用分级基金和自带杠杆买入的方式来表达对市场的看法，效率可能更高。

（2）市场行情一经确认，则买入龙头上市公司。要知道价值投资者都愿意等到相关指标确认之后再动手，不愿意先行一步。

（3）行情如果还能继续，继续持有 ETF，不用担心个股爆雷现象。

（4）通过仓位管理和工具使用来降低波动率，以维持手中的持仓。

第三篇

投资的躬行之术

"从一到二"的阅读提要：

• 不要害怕变化和矛盾，这才是利润来源。没变化就没交易。选择"躺平"这种生活方式的人，不适合做投资工作。

• 投资八步法中误漏的"二"是什么？时机！发现问题，加班加点研究，得出投资策略用以交易，而不是"等靠要"。

• 写报告能发现宇宙真理吗？非也。我们人类能够做到的，无非就是根据矛盾之术发现事物运行的惯性罢了。更重要的是跟踪，除了跟踪，没有更好的办法。

• 还是那句话，要成功，必须学会坚持、反思。没有坚持，无法让自己成为职业选手；没有反思，无法让自己成就卓越。

| 第十一章 | 发现矛盾与投资定价的基本方法 |

根据从一到二的认识原则，本章介绍两种投资方法，一是投资的八步法，二是投资的五步法，以飨读者。因为是站在巨人的肩膀上，这些投资方法更具实操性。这里尝试介绍名家发现问题与对市场产品定价的方法。读者可以找相关的资料学习探讨。

第一节　投资八步法

（一）投资八步法（见表 11-1）

表 11-1　投资八步法

步骤	内容	说明
1	阅读数据与图表，发现异常点与矛盾点	一定要有标准的周报和月报
2	坐下来讨论	发现问题，寻找交易机会，开会讨论
3	找到原因	开会要有结果，找不到原因就到此结束
4	进行历史与现实的比较	如果找到了原因，则要做横向与纵向的比较
5	询问业内资深专家	成果要晒一晒，防止一厢情愿
6	探析矛盾如何解决及其演进方向	矛盾的演绎方式很多：库存增减、利润升降等
7	围绕方向构建系列策略	单边、多边还是复合型策略？股票策略能否参与？
8	对不同策略进行评级，找出最优策略	进行安全边际与驱动力的综合评估，找到最优策略

下面举例说明按照上述八个步骤演练这套"庖丁解牛"的方法。

159

第一步：阅读 PTA 周报：《PTA 周报》2018 年 11 月 10 日（见图 11-1）。

	合约	收盘价	涨跌幅（日）	涨跌幅（周）	周内趋势	多头净持	净持变化
期货价格	TA1901	6490	-1.5%	-4.3%		32072	
	TA1905	6260	-1.5%	-4.4%		23580	4609
	名称	周一	周二	周三	周四	周五	周涨跌	周内趋势	月涨跌	年涨跌

	名称	周一	周二	周三	周四	周五	周涨跌	周内趋势	月涨跌	年涨跌
产业链	WTI结算（美元）	63.1	62.21	61.67	60.67	60.19	-4.6%		-17.7%	8.1%
	人民币汇率	6.90	6.91	6.91	6.92	6.93	0.5%		0.4%	4.4%
	日本石脑油	586.6	586.6	577.0	557.1	542.1	-8.8%		-24.3%	-9.0%
	韩国MX	865.5	865.5	854.5	854.5	836.5	-4.3%		-10.1%	20.6%
	台湾PX	1186	1186	1154	1154	1133	-4.5%		-16.1%	24.9%
	PTA内盘	6950	6940	6800	6805	6680	-3.8%		-16.5%	19.7%
	MEG内盘	6680	6535	6350	6285	6150	-8.2%		-17.3%	-16.9%
	聚酯均价	9491	9408	9322	9183	9054	-6.0%		-16.7%	0.5%
下游产销	聚酯	70%	65%	60%	60%	65%	18.2%		-18.8%	-44.3%
	布匹成交量	845	900	953	995	1314	1.1%		46.8%	73.8%
	MX裂解价差	52.5	60.1	50.9	41.4	29.8	-52.3%		-72.8%	-78.9%
	PX-石脑油	599.4	599.4	577.0	596.9	590.9	-0.3%		-6.7%	89.8%

图 11-1 《PTA 周报》2018 年 11 月 10 日

阅读数据与图表的过程中，发现织造负荷下降了 12%，PTA 开工负荷提升了 5.1%。这种劈叉就是一个矛盾，表明终端织造需求可能再度转弱，PTA 会有过剩的嫌疑（见图 11-2）。

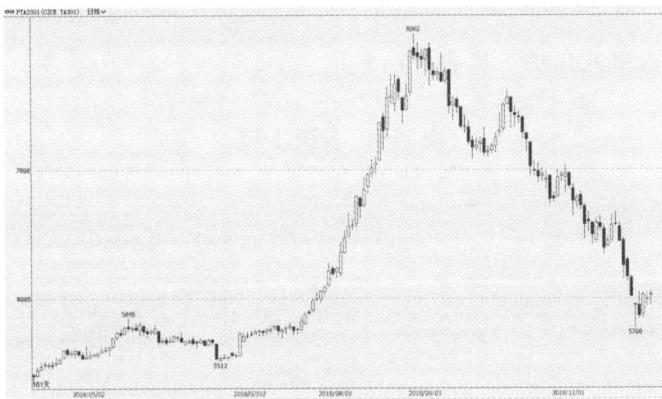

图 11-2 PTA2001 日 K 线

第二步：坐下来讨论。

笔者找来该份周报的撰写者，再找几个擅长技术分析的人士，一起开会交流。先将报告通读一遍，甚至把前面一期的报告也拿过来阅读。再打开软件，从宏观、原油和人民币汇率结合角度展开讨论。

第三步：找到原因。

在 PTA 这波下跌的过程中，困扰 PTA 的下游问题看似解决了，实际上一直都没有解决。

这次织造开工率的下降（见图 11-3），很大程度上是因为围绕西方圣诞节的消费已接近尾声，最终需要动用先期库存来解决旺季的过度需求，实际需求是比较弱的。

第四步：进行历史与现实的比较。

| 织造负荷： | 60.0% | 去年同期： | 80.0% |
| 周变动： | -12.0% | 前年同期： | 77.0% |

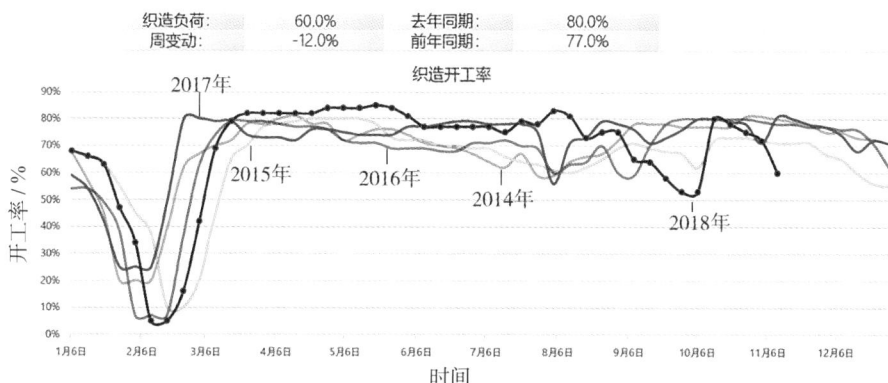

图 11-3　织造开工率变化曲线

织造在这个季节的开工率下降和库存上升（见图 11-4），从季节性的角度来说并不突兀，只不过在力度和时间上有出入。织造产品的库存上升时间提前，开工率下降的幅度猛了一些。

| 织造库存天数： | 33 | 去年同期： | 29 |
| 周变动： | 1 | 前年同期： | 30 |

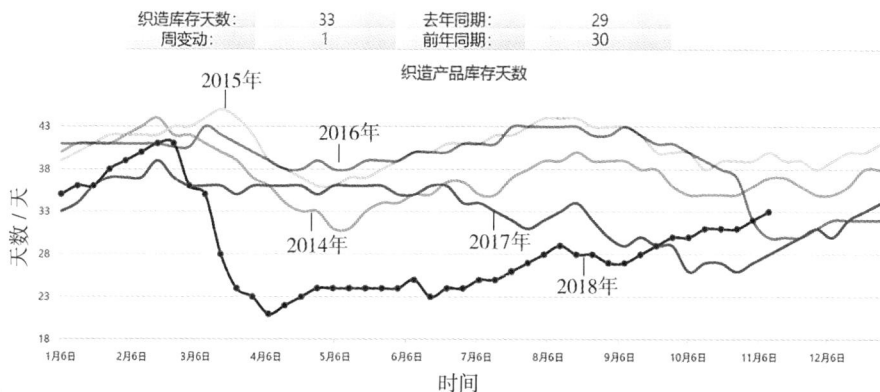

图 11-4　织造产品库存天数变化曲线

现实的情况呢？其他纺织品的价格也是一路暴跌。如丙烯腈是做腈纶的主要原料，价格从国庆节后的 19100 元 / 吨的高点开始下跌，一个月里跌了 6000 元 / 吨。相关的黏胶、CPL 等材料都在下跌，丙烯腈出厂价变化见图 11-5。

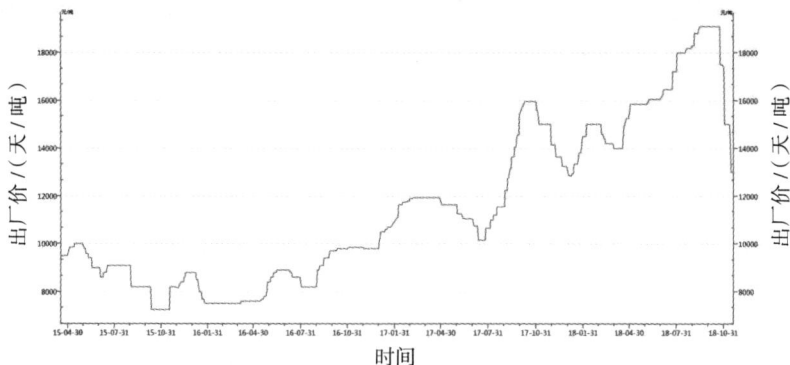

图 11-5　丙烯腈出厂价变化曲线

历史与现实都告诉我们，现在的消费行情真的不好，涤纶产品也逃不出大趋势。

第五步：询问专家。

笔者询问了本行业的主要专家对织造和 PX 的看法，主要看法如下：

（1）还有不到两个月就是春节，织造业很可能就是维持目前的状况，很难超过 70%。春节后就要积累库存。现在不可能提负荷生产，提负荷的前提是要看到织造产品的库存下降。

（2）因为 PTA 有检修，如果做空，要担心 POY 的下游加弹环节脉冲反弹，并带动 PTA 反弹。

（3）PX 的投产在 1 月份不会有利空，但 5 月份应该有装置腾出来。

总之，织造要好，得等到下年再说，当年是没戏了。PX 是"定时炸弹"，一旦投产，对 PTA 是摧毁性的。

第六步：探析矛盾如何解决与演进方向。

考虑备货周期，PTA 会反弹，但之后还得下跌，TA1905 要反映 PX 产能上来的预期，会跌得更多。

第七步：提出头寸。

买入 TA1901，同时做空 TA1905，价差预计扩大至 600 ～ 700 元 / 吨。

第八步：评级选优，找到最优策略。

（二）需要做的工作

通过投资八步法，我们需要做好 3 个方面的基础工作：数据库建设、人脉关系搭建和逻辑关系的修炼。

1. 数据库的建设

数据库要求内容完备和系统合理。所谓完备，要求以研究对象为中心，围绕其上下游来铺设数据，如果没有数据，怎么办？项目也要列在那里，暂时先空着，在往后的研究中，获得数据后马上填补。所谓系统性，则要求在生成进一步指标时，方方面面都要考虑到。譬如，分析价格必须与利润搭配一起，光看价格不看利润，是片面的。2018 年 9 月初，TA1901 的价格达到 8000 元 / 吨。到 2018 年 11 月 19 日，TA1901 的价格只有 6574 元 / 吨，但是，11 月 19 日的价格包含的盘面加工费用比 9 月初的要高。

2. 人脉关系的搭建

经济活动是人与人之间的活动，数据也是人做出来的。不同的人掌握着不同的数据。在人脉关系搭建方面，有贵人、高人和渠道人之分。

贵人，可能会给你一些必要的帮助，让你接触到平日无法接触到的人和数据。贵人在帮助人的过程中，只需要我们对他们表示足够的尊重，他们通常不需要回报，体现出充分的慈悲和利他之心。

高人，是指行业中的佼佼者，其将行业梳理得非常清楚，能帮助我们重建研究体系。这样的人，我们要给予回报。

渠道人，会把公司的事情当自己的事来做，因为很多人愿意跟你接触，一开始都和单位平台有关系，后面则跟自己的人品有关系。

因此，我们要学会帮高人多做事情，也给予必要的报酬，用渠道人补充我们的点状信息。我们在研究过程中，需要一些点状信息的支持，问渠道人比什么都准。比如，要知道哪几套PX装置在2018年什么时候开，只需要问他们的工艺工程师就知道了。

3. 逻辑关系的修炼

首先要有逻辑，其次是逻辑关系不能混乱。数据与人脉，让我们获取了很多散点信息，如何把这些散点信息组织成有用的投资建议，则依赖逻辑推理。我们在投资八步法中，反复提到了以下有用的逻辑关系：

（1）对比。历史与现实的比较，应用在我们画图上，这种逻辑关系必然会画出很多的季节性对比图。

（2）因果。对异常点或矛盾点，我们一定要找到原因。找不到原因时先放下，找到之后再继续深入。

（3）重视顶层与基础结合。我们自己先好好整一遍，再向行业专家请教，找到内在的原因。时事都在变，同样一类事件出现，表现出的形式会有所不同。

因此，投资八步法和研究的基础工作是不断影响、不断促进的。

（三）投资八步法

笔者在与言信资管的基金经理张镇宇先生的交流中，总结出适用于现代投资理念的"投资八步法"，具体内容如下。

1. 阅读数据与图表

阅读数据与图表，观察是否有矛盾点或异常点。何为矛盾点？

（1）价格与供需逻辑出现反向运动。

（2）基差异常，开始增强或走弱。

（3）逆市场大情绪的反向运动或停滞。

（4）逆板块指数的反向运动。

（5）价格的超历史水平运动。

（6）基差的超历史水平运动。

2. 充分讨论

如大家看法不同，则要在做好准备工作的前提下，进行充分讨论。同时，找出出现矛盾或异常点的原因，注意提取特征集合：

（1）事件主角品种的各类主要特征变量。

（2）主角品种上下游的特征变量，包括供需、基差、品种价差及比价等。

（3）事件关联的周边因素是什么。

（4）事件关联品种的集合。

（5）板块内的利润估值特征。

3. 比较

进行历史与现实的比较，主要包括：

（1）从历史的角度进行中观、微观的对比分析，主要包括产业结构是否发生变化，库存天数的实质性意义有无变化。

（2）现实的角度，指当下是否有额外变量出现，这种变量带来的是短期变化还是深远变化。

4. 大数据回溯及行业专家的观点

（1）询问行业意见领袖的观点，记得把自己的报告发过去给对方看，才能进行很好的交流。

（2）运用爬虫技术，对全市场的言论进行检索归类，推算一致性指数。

5. 合理推断

推断矛盾如何演绎（方向、强弱及波动率等特征集合），主要可能的描述如下：

（1）从虚实两个角度推断主角品种演绎方向、路径及路径的边际点位。

（2）获知可能的产业链品种、板块内品种的路径。

（3）基于情绪及过往波动率，推断后期波动率情况及持续周期。

6. 提出策略

针对上述结论，提出相关的策略，以下是策略组合的思考方向：

（1）单边思路：多或空。

（2）套利或对冲：月间套或品种套。

（3）组合类头寸：月间套加单边，品种套加单边。

（4）时序类头寸（股票中常用到的板块轮动）：先月间套后单边，先品种套后单边。

（5）基于波动率或其他方面的考量：用期权或者股票的方式来表达。

7. 求最优解

从历史回溯及风险收益比两个角度，对上述可能的策略作评估得出最优解（见表11–2）。

表11–2　策略评估格式

历史回溯（可行性） ＼ 风险收益比	大	小
高		
小		

8. 下单

按照最优解下单，结合市场情绪指引，做出相应的行情跟踪指标。

第二节　妙手之五步法

笔者总结出的以策略为先导的投资五步法见图 11-6 和表 11-3。

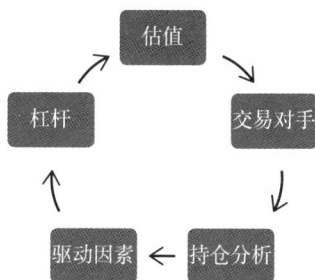

图 11-6　妙手之五步法

表 11-3　以策略为先导的"五步法"

序号	名称	需要解决的问题	内容
1	估值	资产价格的定位	大类资产估值体系的建立
			对每类大类资产进行评级
			找出性价比较高的被高估或者低估的资产标的
2	交易对手	对资产估值市场的认可度（定性）	市场对总体方向的评判态势
			市场对拟选标的资产的看法
			主力或意见领袖的多空方向
3	持仓分析	市场用资金投票的情况如何	资产轮动及大类资产的持仓变化
			基差交易者的持仓变化
			杠杆交易者的持仓变化
4	驱动因素	期内有没有对我们团队有力的驱动因素出现	外部因素
			基本面因素
			交易对手及其他
5	杠杆	综上因素，用多大比例去干	无风险、无利率的杠杆融资
			追求短期高利润的高杠杆

（一）先对某项资产进行估值

该资产价值是高估还是低估，估值的维度首先要全面，之后再重点突破。

（1）大项资产评级（效果），见图11-7。

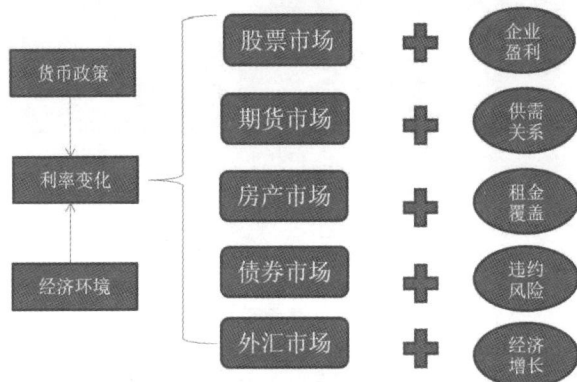

图 11-7　大项资产评级示意

各类资产都有一个对比的中心维度，即利率，或者说资金成本，也可能是机会成本。

就股市而言，是企业盈利能力（ROE）与资金成本的对比分析：（1）盈利能力不变，资金成本下降，股市行情上升；（2）盈利能力不变，资金成本上升，股市行情下降；（3）资金成本不变，盈利能力上升，股市行情上升；（4）资金成本不变，盈利能力下降，股市行情下跌；（5）如盈利和资金成本同时上升，则要比较是盈利上升快还是资金成本上升快；如果同时下降，也要看哪个下降更多；（6）戴维斯双杀：盈利下降，资金成本上升，大跌；盈利上升，资金成本下降，大涨。

股市与房地产关系密切，这里具体描述房地产市场的维度分析。（1）如租金回报率超过10年期国债收益率，可以持有房产；（2）如租金回报率低于10年期国债收益率，则应该出售房产（租金回报率 = 年租金 ÷

当前总房价）。

对大类资产的评级，建议可以用表 11-4 进行评级。

表 11-4 大类资产评级

盈亏来源 / 资产表现	投资来源	投机来源
一线资产		
其他资产		

根据上述表格，找出最好的资产和最差的资产。

最好的资产：投资收益能完全覆盖资金成本，投资成果无需通过绝对价格的上涨就能获得正向收益，无论如何都不会产生折本现象，这是其一；其二是一线资产正在表现，二线资产尚未启动。

最差的资产：投资收益不能完全覆盖资金成本，二线资产和三线资产都有表现，且表现过热。

站在 2019 年 6 月底的时间点来看，从投资的角度来说，最差的资产是房产，最好的资产是股票。为什么这么说？以杭州的房产来说，市区100 平方米的房子大致需要 500 万元，以租金 10 万元 / 年计，租金回报率为 2%，低于 10 年期国债收益率 3% 的水平。A 股在 6 月底的平均市盈率为 13.5 倍，折算收益率为 7.4%，是 10 年期国债收益率 3% 的 2.46 倍。

（2）具体资产的择优体系（效率）

2019 年 6 月，我们认为最好的资产是股票，根据未来的趋势，按照指数法，对相关行业股票的估值定位并从中择优（见表 11-5）。

表 11-5 行业择优分析

估值定位	驱动方向	行业列举
高估	向上	5G、科技板块、医药
	向下	黑色金属、建材、汽车
低估	向上	有色金属、日常消费
	向下	房地产、银行

按上述两个维度划分行业股票后，我们对"价值高估，驱动方向向下"及"价值低估，驱动方向向上"两种情况感兴趣。第一种情形，可采用融券卖出的方式表达自己看空的想法；第二种情形，可采用积极买入策略，如期权买入、股指买入、融资买入等手段。

（3）制定跟踪方案（过程监督）

事物都是在不断发展变化的，经济要素带来投资理财世界的变化，更是喜怒无常、紧密跟踪事物的变化，是投资决策的科学态度。

举例来说，2015 年投资杭州的房地产，当时 100 平方米的房子约为 300 万元，房租为 9 万元 / 年，10 年期国债收益率 2.8%，租金回报 3% 大于国债收益率，投资是划算的。

跟踪一年后，房价上涨到 500 万元，房租只涨了 1 万元，租金回报率降为 2%，国债收益率在 3.2% 附近，这时投资买房子明显是不划算的，持有住房并非一笔很好的投资。

这就是跟踪，需要一直观察相关变量的变化。

股票投资中，跟踪尤为必要。不少上市公司在上市前兢兢业业，上市后却只想快速兑现财富，都想干一件事，即做市值管理，通过各种运作来提升业绩，而非增强公司的竞争力。诸如此类，都需要去努力跟踪。

估值体系一经完成，并非一成不变的，需要不断跟踪，从而实现纠偏。

（二）主观估值工作完成后，应去市场了解交易对手的估值倾向与交易方向，从而证实或证伪自己的工作

比较成熟的投资者在估值后会做这些事情：（1）趋势投机者的看法与持仓。（2）时间系列的套利者的看法与持仓。（3）对冲套利者。2014 年，某国际著名机构做空铜出现巨额亏损后，该基金经理对交易对手做了深入调研，即要查找到底是谁赚了钱。

（1）看空中国经济的人做空了铜。

（2）相对看好铝在某些领域替代铜的人，做了"买铝卖铜"的操作。

（3）看空铜，看多铜管加工费用的，做了"买空铜买入铜管制造的上市公司"的操作。

与八步法相比较，这个类似于八步法的第五步，即访谈工作，咨询行业专家的看法，对自己的看法进行纠偏。

但与八步法第五步不同的是，这里的访谈对象包括但不限于专家范围。我们需要拿自己的东西与市场行情相对照，发现其间的差异，而非闭门造车。

（三）持仓分析

第二步毕竟是市场知行合一的"知"，而参与者的"行"则会通过增持或减持仓位来表达。另外，我们能观察到的市场参与者数量有限，代表性会有误差，持仓分析能帮助我们很好地解决这个问题。另外，言语中表达的市场情绪无法量化，持仓中的净流入或净流出、净多或净空，都能很好地量化。

（1）持仓结合成交量的分析

以天然橡胶期货为例（见图 11-8）。天然橡胶的持仓量与成交量高度相关，两者的高位与行情的表现也高度正相关，即大涨或大跌时，持仓量与成交量一般都处在高位。站在 2019 年 6 月这个时间点，天然橡胶期货两年来运行的特点是：持仓量处在平均水平之上，但成交量并没有突发，虽然转多的气氛很浓，但市场一直没有什么表现。结合第二步，我们在探究这个市场的时候，发现中联油的标准品库存很高，一直在做期现结合，这才是问题的关键所在。要观察成交量如何突破，则需要看期货与现货市场的有效变化。

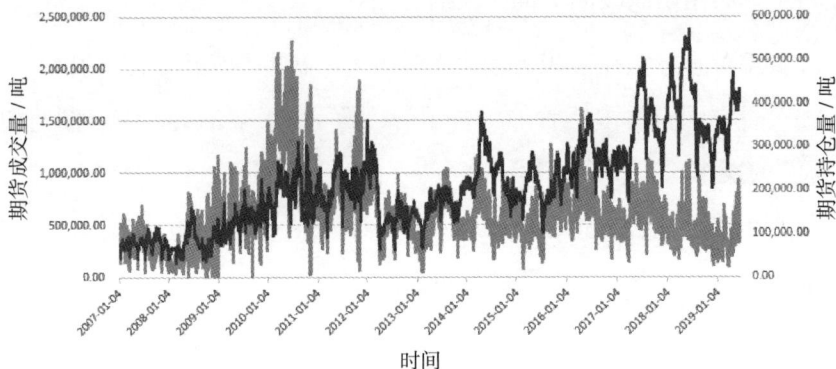

图 11-8　天然橡胶期货成交量与持仓量对比

（2）持仓结合价格的分析（见图 11-9）

图 11-9　PTA 主力价格和总持仓对比

　　到 2019 年 6 月中旬，PTA 的持仓量创出新高，价格则屡屡创出新低；到 6 月下旬，价格有所反弹，但持仓继续创出新高。这里隐含的一个问题是，尽管 95% 的交易对手都看空，但 5% 的多头一定有坚定的理由持续拿着多头；或者是 95% 的空头尽管表面上说着看空，但实际操作上则是在做多。无论如何，价格在创新低中，而持仓量并没有下来，即多头没有投降，说明这里一定存在问题。

（3）净多或净空法则（见图 11-10）

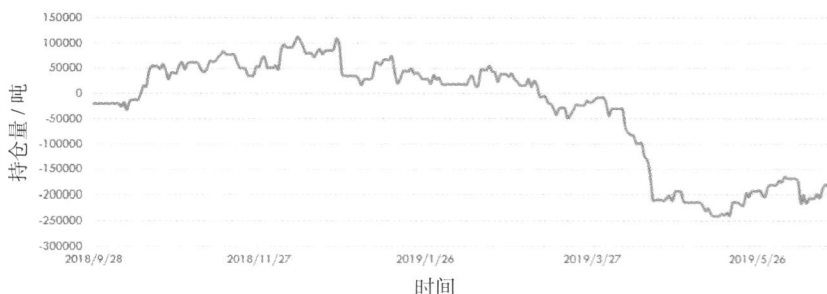

图 11-10 PTA 合约总净多持仓变化量（排名前 20 位的持仓）

我们验证了中间道路，即主力多头不是 5%，但持仓结构确实是空头。表明主力持仓高度集中，主力在看多 PTA 的时候，一定会有某个品种在看空做空，从而通过该品种赚取的现金流，弥补 PTA 上的亏损。

在 PTA 处于净空头的情况下，价格并没有进一步下跌，只是随着时间的变化，会对空头不利。

（4）杠杆性持仓的分析（见图 11-11）

股市里的融资买入金额的增减情况，从某种意义反映出市场的风险偏好。融资额减少，代表投资可能不太看好，股市后期可能会跌；如果融资额增加，则代表风险偏好上升，股市后期会上涨。

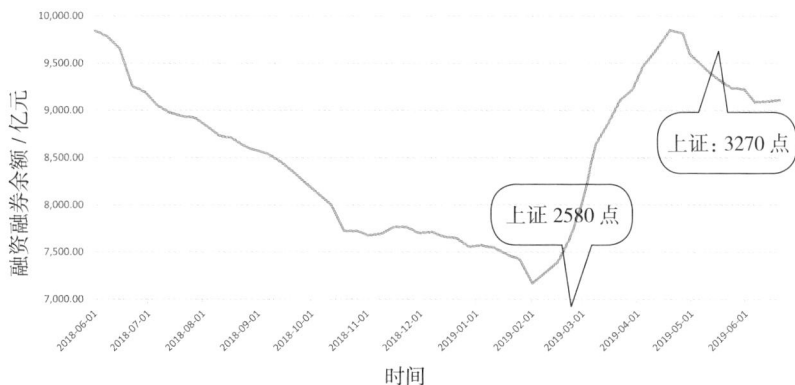

图 11-11 融资融券余额变化

2019 年的这一轮市场反弹行情中，融资余额是于指数之后见底的，但指数登顶与融资额到峰值的位置是同步的。这表明两点：①如果在行情下跌中，指数已经从低点起来，但融资额下降并没有打击到指数下跌，这种"量价背离"现象说明行情可能是跌不动的；②如融资下降确实能带来指数的下跌，则股票的买入策略需要谨慎。

（四）关注向上或向下的驱动因素

该因素是宏观、中观还是行业本身的，或者资产定价的规则在发生转变？根据趋势因素对价格影响程度的大小，从而确定相应的杠杆高低。

（1）国家因素

2019 年这一轮的股市上涨，于 4 月 19 日进入尾声，随后展开调整。按理来说这一轮调整是逐渐展开的，但 5 月 6 日，特朗普宣布中美贸易谈判破裂，使 A 股上证指数一天出现了 170 点的大幅下跌，之后一直围绕着要不要跌破 2800 点，盘整了一个月之久（见图 11-12）。此时市场发生的变化是：首先，股市指数降低了，企业盈利状况并没有发生恶化，A 股的性价比更高了；其次，国内利好出来，国家出台了各种经济宽松政策，支持股市的上涨；最后，美联储宣布进入货币宽松阶段。

然而市场对此并没有过多理会，涨了一点就跌回去，接着是价格反弹，又跌回去。其实，市场此时就欠缺一个向上的驱动因素。

图 11-12　上证指数日 K 线变动

　　6 月 19 日，习近平主席与特朗普总统通电话，表明双方会在 2019 年 6 月底的大阪峰会见面，并表达了再度启动和谈的诉求。6 月 20 日股市开盘，大盘大幅反弹。反弹到什么目标位？有可能会补上缺口，甚至会进一步上涨。

　　（2）织造端需求自发好转（见图 11-13）

　　2019 年 4 月 18 日，PTA 开始下跌，到 6 月中旬已从高点下跌了 1300 元/吨。此时 PTA 的基本面发生的积极变化如下：①福建福海创的装置一退再退，已有迹象表明一定会检修，6—7 月份 PTA 去库存；②聚酯降价去库存后，迎来了下游旺季补库存；③织造端可能迎来粗旦丝的消费行情；④从每年的季节性来看，6 月 20 日至 7 月 10 日，差不多是最差的时候。

　　至此，就缺乏终端织造的数据好转了。2019 年 6 月 15—16 日，POY 丝的自发性的销售好转；6 月 17 日，FDY 的销售也在好转，点燃了 PTA 上涨的行情。

175

图 11-13　PTA 主连日 K 线

（3）中油期现套主动降低现货头寸

从上海天然橡胶期货的库存来看，2019 年比 2018 年的水平要低，大势略微向下（见图 11-14）。比较遗憾的是，从 2018 年 10 月中旬开始，青岛橡胶的库存不再公布。当时压着盘面的主导因素，依然是期现套利盘，一旦这个盘子被打出去，行情也就开始逆转。

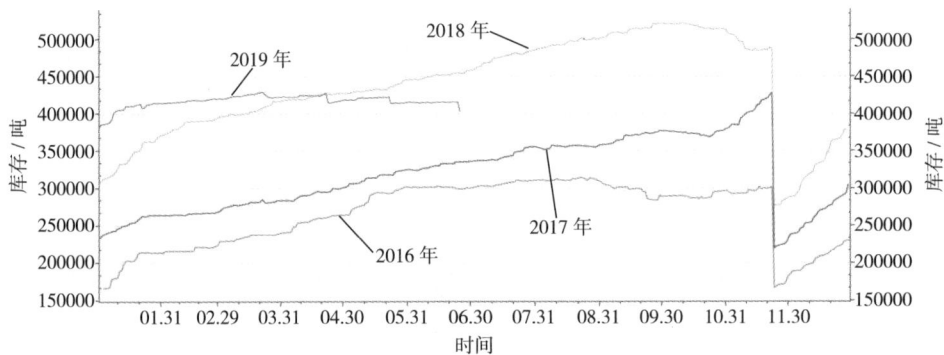

图 11-14　天然橡胶库存变化

（五）确定杠杆

杠杆的确定，要考虑以下三方面的因素。

（1）驱动因素的界定

如驱动因素是属于戴维斯双杀型的，可以用较大杠杆，即融资性杠杆介入；如是单边因素，或事件主导型的，则不宜加大杠杆。

譬如，PTA 在 2019 年 4 月 18 日的行情，就是属于供应超预期增加，需求预期破灭，最终导致价格加速下跌，此时可以采用 3 倍以上的杠杆。但是，一旦实现预期盈利，则要让杠杆恢复到常态，至少要能维持净值曲线的平稳。

（2）资产本身的波动率大小及发轫时间

波动率大，但处于波动率大的发轫起点，如果此时重仓，只要方向对，问题不大，用好波动率就能帮助盈利；如波动率已经起来了，则要注意控制仓位。

波动率小，却已经维持了一段时间，波动率可能会起来，但要判断清楚，再决定杠杆的使用。

（3）其他技术性因素

区间震荡不宜用重仓，如仓位过重，价格可能短期内背离，仓位重的一般投资者，就难以接受这种波动。反而是在演变趋势中，如果掌握了一买、二买和三买的节奏，或一卖、二卖的节奏，则可以考虑多加一点杠杆（见图 11-15）。

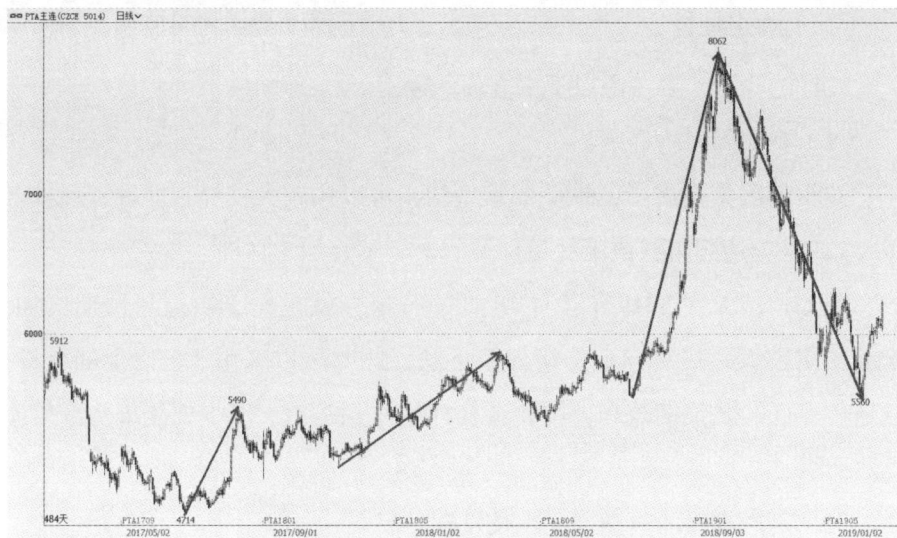

图 11–15　PTA 主连日 K 线变动

　　这里似乎是更多关于妙手的 Fenix，但要考虑：①评估体系中，价值高估且驱动向下，价值低估且驱动向上，都是美妙的机会，但这些机会到底有没有？②驱动因素大小。③杠杆的使用，杠杆使用好坏对最终战果的影响巨大。

　　对比来看，八步法偏东方，即追求内修，用一套方法来发现事物的本来面目，已经发现了一些本质的东西，容易坚持。而五步法偏西方，即反复通过比较，先映射"我的分析"是否正确，并由此来寻找较好的入场时机。

| 第十二章 | 报告撰写：预判与回溯结合 |

在大势预判与行情回溯等方面，我们分为长流程和短流程。长流程适用时间较长，更多用于行业与行情分析。短流程更多地适用于行情管理研究，即首先提出假设，再假设是被证实还是证伪。

第一节　年报撰写与回溯

很多搞研究的人不乐意写年报，这就相当于失去了指南针。还有一些研究员写完了年报就束之高阁，不再阅读，撰写年报纯粹是为了应对单位的工作量考核，而非真的用于指导实际工作。

正确的做法是，分清楚客观事实和推断，认真地写年报，才能更好地作为自己后续研究的地标。

跟随年报撰写的还有月报，某些机构将工作做得很扎实，还要求大家撰写周报和日报。其中，年报的特点和写作内容，需要考虑从产能、实际供需、库存到价差、绝对价格的变化；月报、周报和日报，则是记录从绝对价格、价差、库存到供需、产能等以描述行情的实际变化。年报是自上而下与由大变小地跟踪；月报、周报则是自下而上与由小到大地跟踪（见图 12-1）。

在研究工作方面，难能可贵的不仅是写出一份年报或预测性报告，还在于跟踪研究。只有跟踪研究，才能真正让报告对生产力的作用发挥出来。

前文提到了预期差，预期是怎么来的？没有预测、没有跟踪，哪来的预期差呢？对未来的前瞻性分析，同样也是重要的（见图 12-1）。

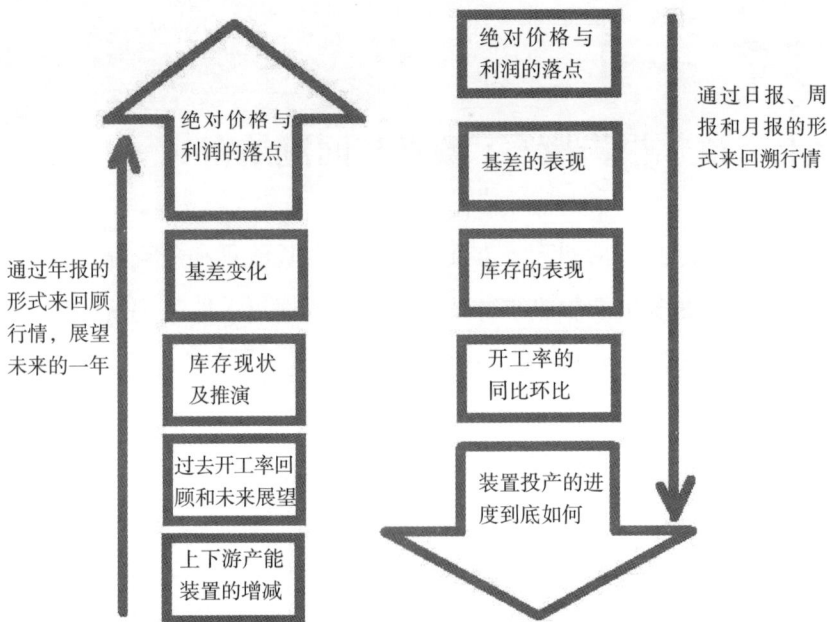

图 12-1　年报前瞻性分析和跟踪分析

我们以 PTA 期货 2018 年某期货公司的年报作为切入点来展示预判与回溯的操作流程（见图 12-2）。

图 12-2　PTA 期货 2018 年某期货公司的年报

在这份年报中，报告的撰写者先回顾了 PTA 价格、基差，其后按照产业链的顺序，按照价格、产能和检修的顺序，描述各段产业链的情况，边回顾边展望。尤其是 2018 年的产能有具体的列表，这才是关键，最后再度回到 PTA 在 2018 年的价格与预测上来，并提出策略建议。这份报告没有严格按照"预判与回溯"的图例展开，但重要的东西都具备了。

在阅读报告时，我们按照产能、开工率、库存、基差（价差）和绝对价格，对这份报告的内容进行抽查（见表 12-1）。

（1）PX 产能增加了 300 万吨，但检修减少了产量 117 万吨，这里 PX 实际量产的增加 =300 万吨 × 达产量 –117 万吨。设想情景：如 2018 年第一季度开始就投产，PX 会多出来 183 万吨；如是第二季度开始投产，则 PX 多出来 108 万吨；如第三季度投产，会多出 33 万吨；一旦是第四季度投产，就变成 PX 量减少了。

表 12-1 2018 年 PX 产能投放计划

厂家名称	产能 / 万吨	投产时间	地点
越南宜山炼油厂（NghiSon– 出光）	70	2018 Q1	越南
恒力石化	300	2018 Q4	中国大连
浙江舟山石化项目一期	400	2018 Q4	中国舟山群岛
海南炼化二期	60	2018 Q4（待定）	中国海南
中海油惠州二期	100	2018 Q4（待定）	中国惠州
总计	930		

（2）PTA 在 2017 年开工率高达 85%，产能增加了 120 万吨（120÷5129 ≈ 2.34%），剔除长期停产的装置，几乎开满。

（3）当时聚酯的利润很高，开工愿望强烈，产能增加了 410 万吨，由此可能带来对 PTA 的投产备货的需求。

（4）从供需情况来看原油端，OPEC 减产与美国增产的量能可能相互抵消，原油在 55 ～ 65 美元 / 桶的区间震荡，对 PTA 成本没有太大的影响。

（5）库存的变化是关键：PTA 库存可用天数创历史新低；纺织服装库存也频出低点（见图 12-3、图 12-4）。

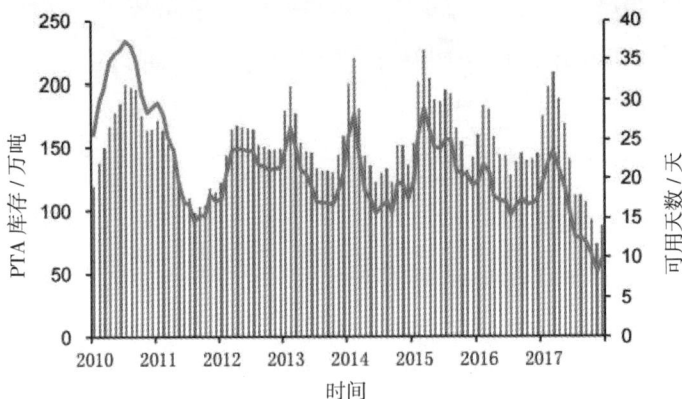

图 12-3　PTA 库存变化

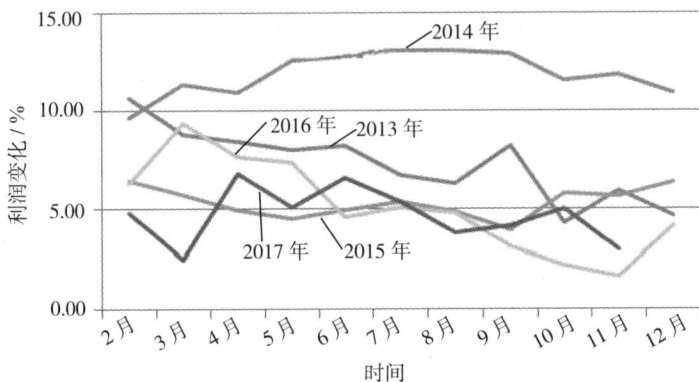

图 12-4　PTA 利润变化

（6）基差（价差）没有判断。通过该年报，我们认为报告的撰写者是有导向的，其认为 PTA 的基差会走强，利润将趋于平衡，能维持 2017 年第四季度的水平。

（7）PTA 价格：中长线策略是多头逐步上移，但价格高度只看到 6400 元 / 吨。

上述这份年报，整体效果还好，层次还算清楚，但有些环节漏掉了，只对绝对价格进行推论，没有对库存和基差的变化进行推演。这在逻辑推理上是危险的。我们现在用周报（2018 年 7 月 15 日）的状况来回溯这份年报。

（1）价格抬升，基差走强，比年报中的要明显，基差维持在 0 以上的时间很长（见图 12-5）。

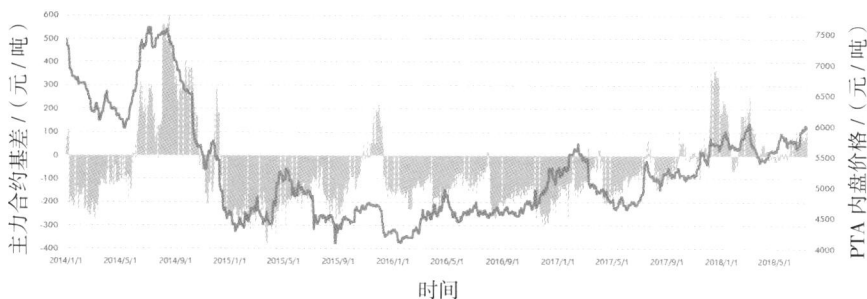

图 12-5　PTA 基差变动

（2）PTA 的库存不断创新低，聚酯和织造的库存也在下滑。和年报对比，聚酯并没因产能投放而累积库存，只能说纺织服装的需求旺盛。

从 PTA 到聚酯到织造等三幅库存图，都显示要么处于下降趋势，要么处于低端。这表明市场整体需求还是不错的（见图 12-6、图 12-7、图 12-8）。

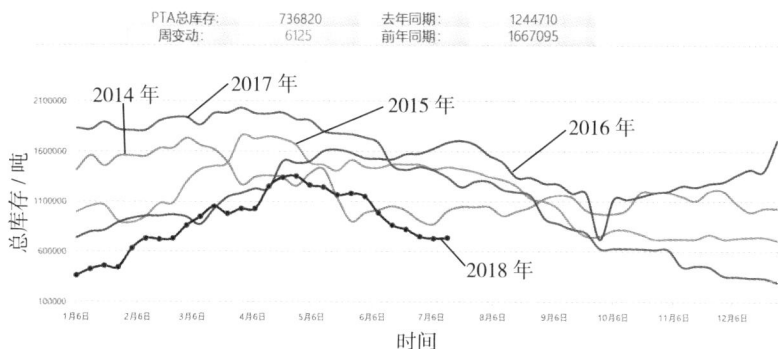

图 12-6　PTA 仓单、聚酯工厂和 PTA 工厂库存总额变动

涤纶平均库存:	10.6	去年同期:	9.4
周变动:	0.4	前年同期:	11.2

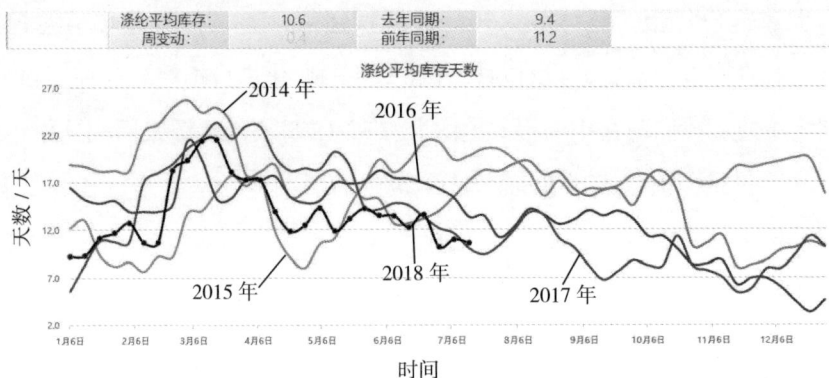

图 12-7　涤纶平均库存天数变动

织造库存天数:	25	去年同期:	32
周变动:	0	前年同期:	43

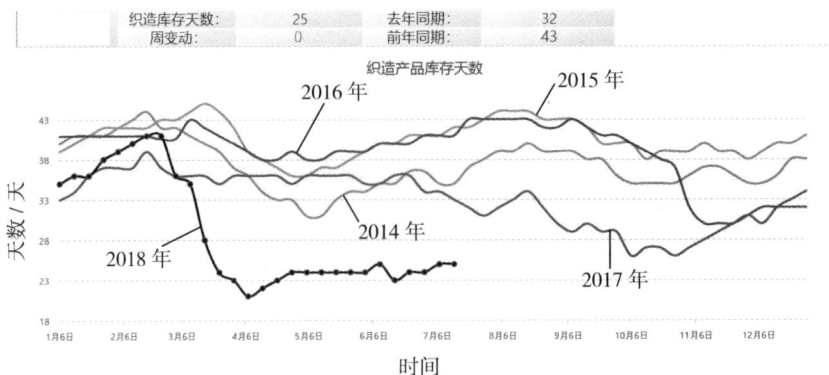

图 12-8　织造产品库存天数变动

（3）特别分析 PX。在年报中，PX 可能是最大的利空或利多变量。PX 在 2018 年年中投产 70 万吨、134 万吨，一开始很不顺利，一直到 9 月份才表现正常，产能利用率有七八成。

从图 12-9 来看，PX 的开工率偏低，之后的加工费用为 300 ～ 350 美元 / 吨。

| PX开工率： | 74.1% | 去年同期 | 61.8% |
| 周变动： | | 前年同期 | 67.1% |

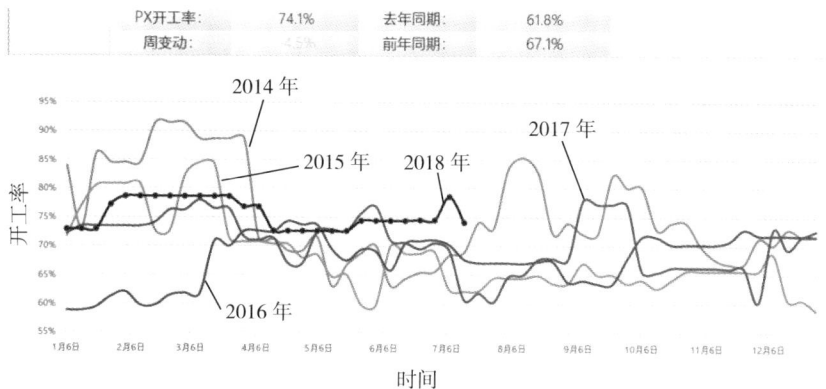

图 12-9　中国 PX 开工率

（4）PTA 及下游的开工率（见图 12-10、图 12-11、图 12-12）。

| PTA开工率： | 77.3% | 去年同期： | 64.6% |
| 周变动： | 0.0% | 前年同期： | 59.7% |

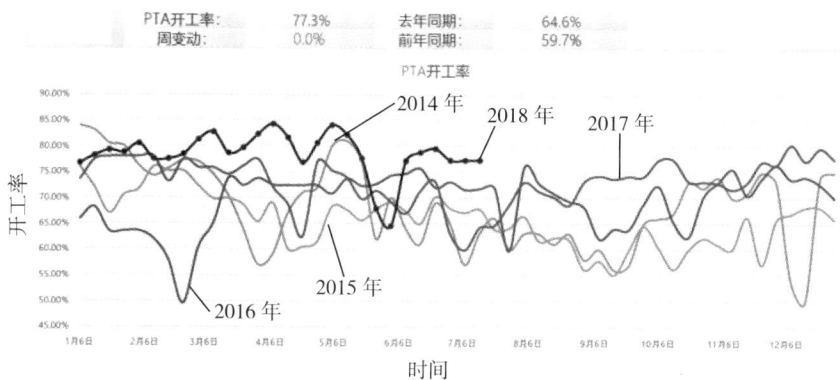

图 12-10　PTA 开工率

| 聚酯负荷： | 93.9% | 去年同期： | 89.1% |
| 周变动： | 1.3% | 前年同期： | 83.1% |

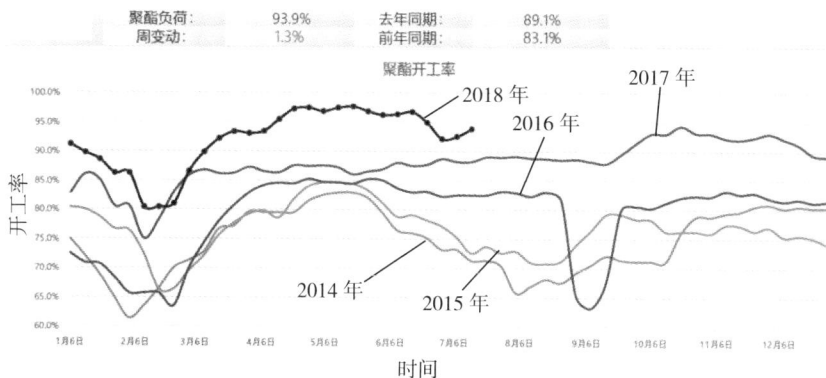

图 12-11　聚酯开工率

185

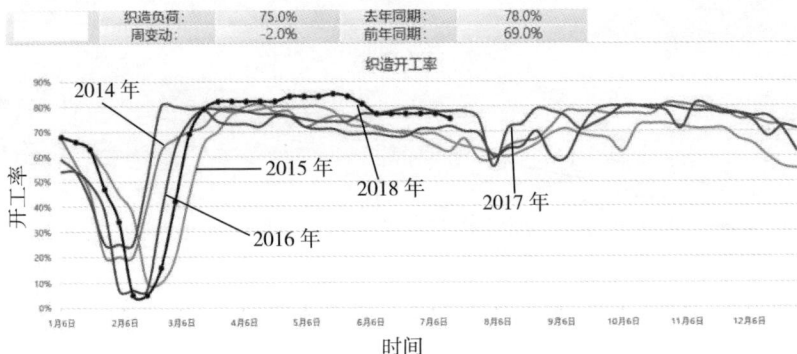

| 织造负荷： | 75.0% | 去年同期： | 78.0% |
| 周变动： | -2.0% | 前年同期： | 69.0% |

图 12-12　织造开工率

从开工率的角度来看，都处在一个高位，尤其是聚酯处在很高位置。这一点超出了年报的预期，年报预测需求为 8.8%，实际需求可能达到 14%（2017 年 1—7 月份是 2305.4 万吨，2018 年 1—7 月份为 2630.7 万吨），这是超预期的部分。

回溯产能，PX 与 PTA 都实现了预期，聚酯投产不及预期（见表 12-2）。

表 12-2　PX、PTA、聚酯综合情况汇总　　　　　单位：万吨

日期	PX国产	PX净进口	PX供应	PX库存变化	PTA国产量	TA净进口	PTA供应	TA其他需求	TA库存变化	TA期末库存	TA期末仓单	聚酯产量
01-17	86	100	186	-18.2	309.4	-0.9	308.5	9.3	24.9	226.7	232715	319.00
02-17	78	85	163	-20.7	277.9	-1.7	276.2	8.3	22.2	248.9	240385	285.70
03-17	92	123	215	11.6	307.7	-3.1	304.6	9.2	7.3	256.1	258141	335.00
04-17	84	111	195	8.1	283.7	-2.8	280.9	8.5	-14.4	241.7	258141	333.50
05-17	92	96	187	-4.2	290.4	-2.0	288.4	8.7	-14.4	227.3	235877	342.00
06-17	84	105	189	9.7	272.1	-2.1	270.0	8.2	-27.1	200.2	217714	336.00
07-17	78	118	196	10.6	281.3	-1.7	279.6	8.4	-33.5	166.7	179349	354.20
08-17	83	129	212	10.9	304.7	4.5	309.2	9.1	-5.5	158.3	143147	355.30
09-17	86	148	234	34.2	302.3	5.0	307.3	9.1	-2.8	155.6	91299	350.00
10-17	77	117	194	-11.9	311.6	3.5	315.1	9.3	-14.4	141.1	22915	372.30
11-17	76	133	209	8.4	304.3	0.6	304.9	9.1	-14.1	127.0	9451	360.30
12-17	85	139	224	6.9	329.2	2.4	331.6	9.9	6.1	133.1	18762	367.00

续表

日期	PX 国产	PX 净进口	PX 供应	PX 库存变化	PTA 国产量	TA 净进口	PTA 供应	TA 其他需求	TA 库存变化	TA 期末库存	TA 期末仓单	聚酯产量
01-18	92	129	221	-0.1	335.3	0.6	335.9	10.1	13.7	96.0	19175	363.00
02-18	88	119	207	0.0	313.6	1.6	315.2	9.4	40.8	136.8	11713	308.10
03-18	96	144	240	8.7	350.5	2.0	352.5	10.5	22.6	159.4	27622	371.32
04-18	89	129	218	-8.6	342.6	-0.3	342.5	10.3	3.1	162.5	76050	382.70
05-18	95	130	225	12.8	321.5	-1.5	320.1	9.6	-40.7	121.8	51579	408.29
06-18	86	115	201	-24.8	342.1	-5.2	336.9	10.3	-13.6	108.2	29491	395.58
07-18	89	135	224	-4.8	346.9	-3.5	343.4	10.4	-12.4	95.8	18400	401.70
08-18	93	139	232	1.0	349.8	-3.5	346.3	10.5	-25.6	70.0	10241	420.49
09-18	91	130	220	-0.3	334.2	-3.5	330.7	10.0	6.3	76.3	4359	365.52
10-18	93	130	222	11.3	319.5	-3.5	316.0	9.6	-17.8	58.5		377.00
11-18	91	130	220	14.2	312.2	-3.5	308.7	9.4	-24.9	33.6		377.00
12-18	94	130	223	-3.2	343.3	-3.5	339.8	10.3	5.3	38.9		377.00

（5）结论：PTA 的库存继续降低，有数据支撑，支持做基差扩大以及 91 价差扩大；聚酯下游有利润，支持 PTA 价格往下涨。

第二节 行情动态跟踪

2018 年国庆节前夕，笔者继续看多大宗商品的行情，认为市场行情拐点将在 2019 年 5—7 月份到来。看多的核心逻辑如下：

（1）人民币继续贬值，看到 7.3 ～ 7.5。理由是中美之间的矛盾难以调和，美国对中国商品继续加征关税。中国的关税策略已经用得差不多，只能用人民币贬值的方式来应对。人民币贬值会推涨进口原料的价格，同时会间接刺激美国以外的市场需求。

（2）原油价格依然上涨。理由是特朗普要求沙特增产至 1250 万桶/日，实际上沙特最多增产到 1090 万桶/日（2018 年 11 月 21 日的数据表明，这是无误的）。

笔者在客户关系维护时，建议他们可以将甲醇和沥青作为重要的多头配置，甚至提出 2019 年较好的头寸是买原油、卖黑色金属。最终情况如何呢？我们来看表 12-3。

表 12-3　2018 年 9 月 30 日至 11 月 22 日甲醇和沥青多头配置情况

	2018 年 9 月 30 日	2018 年 11 月 22 日	变化幅度 /%	备注
甲醇 901	2990	2572	13.97	
沥青 812	3712	3042	18.04	
价差：5 桶原油 −1 吨螺纹钢	−1146.5	−1564	36.42	原油跌得更多

投研活动其实可能是自己闹笑话的活动。上述三个头寸的预测都是背向而走，尤其是第三个价差逻辑，更是错得离谱。有人归结为川普的那张"大嘴"，以及中国环保部门的那张"纸"文，其实并没有找到问题的根本。我们需要做的回溯是，做出这一判断的前提条件成立吗？

（1）人民币对美元汇率维持在 6.9 ～ 7.0 元 / 美元不变，没有左右晃动（见图 12-13）。

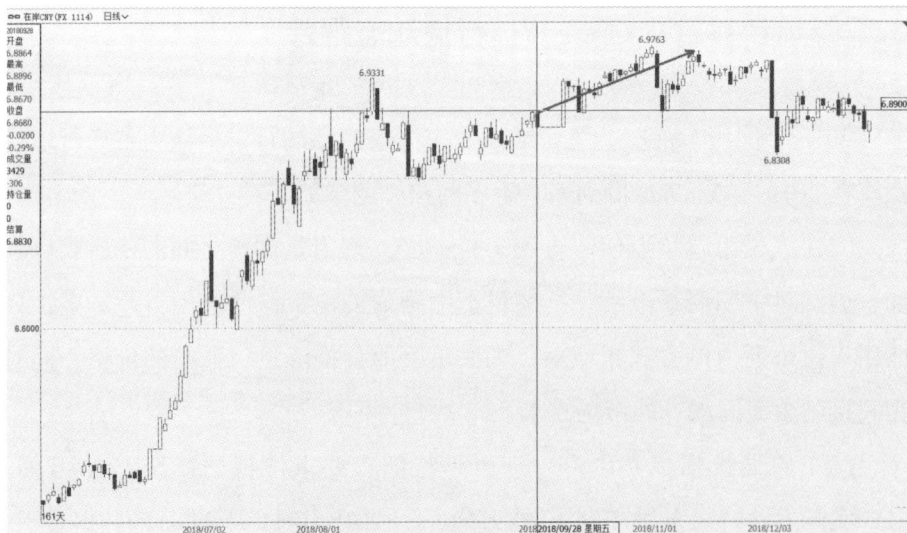

图 12-13　人民币汇率变动

11月1日，人民币对美元的汇率到了6.9762元/美元的位置后，没有进一步贬值，相反，美元指数出现了升值。基于事实判断的第一个逻辑驱动力，在这里停住了。

（2）原油价格成了"青蛙王子"（见图12-14）。

图12-14 美国原油价格变动

在笔者做出判断后第三天，原油价格出现下跌，从最高的76.9美元/桶下跌到50.1美元/桶，跌幅高达34.85%。11月2日，原油价格跌破之前的平台，此时南华商品综合指数是1412.67，11月27日，下跌到1298.09，跌幅达8.11%。如果原油是大宗商品之母，11月2日原油破位的时候，做空其他商品都来得及。

思想是美丽的花朵，但这个花也可能是毒花。移山易，移思想之山很难。人民币与原油并没有出现预期的走势，倒出现了相反走势，这就应该立即转变思维。

189

（3）国内消费状况变差（见图 12-15）。

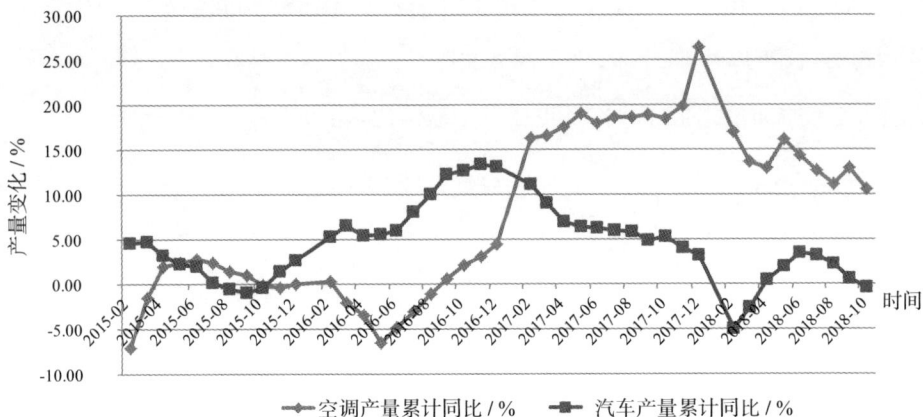

图 12-15　空调产量和汽车产量对比

受大环境的影响，我国的消费市场的状况不佳。如空调的累计增长率环比不断下滑，汽车消费的数据更为糟糕，累计同比下滑，并跌至零附近，汽车销量当月同比都是负数。

上述（3）的数据验证了（1）和（2）不成立，尤其是在 11 月份，行业协会公布了相关数据后，更可见对原油行情的判断错误。在这个分析中，人民币汇率的贬值，可能错在时间上，即不会在 2018 年第四季度迅速贬值。

一份研究报告出炉，尤其是有影响的报告出炉，市场会形成强有力的预期。现实是如何走势，则是另外一回事。我们需要了解的是预期差：Δ = 实际 − 预期。

（1）实际变化好，价格下跌势会遭扭转，转为上涨。

（2）实际情况不好，价格上涨势会遭扭转，转为下跌。

市场是一群人的游戏。预期、预期差都是客观事物，我们需要去跟踪。投研难能可贵的是，不断提出假设，又不断跟踪并加以修正。修正预期的过程，其实就是市场价格的波动过程。这些将会在行情系统管理中再度重点描述。

第三节　案　例

现以某华东石化企业经营部门于 2019 年初"卖 PX、买 PTA"的事例加以分析。根据笔者与操作人员的交流，他这样的操作策略，是基于以下两点：

（1）PX 在 2019 年前半期的产能投产巨大，PTA 虽然也有投产，但那是 2019 年底的事，PX 的加工费用会向 PTA 让渡（见表 12-4 至表 12-7）。

表 12-4　PX 产能装置投产一览

序号	企业名称	所在国家	产能（万吨）	计划投产（重启）时间	备注
1	信赖	印度	220	2017 年第 3 季度投产成功	
2	Nghison- 出光 JV	越南	70	2018 年 6 月投产成功	一直到 2019 年实现量产
3	阿美（拉比格）	沙特	100	2018 年 7 月投产成功	一直到 2020 年实现量产
4	腾龙芳烃（重启）	中国	160	2018 年 12 月复产成功	到 2019 年第 1 季度量产
5	海南炼化 2 期	中国	100	2019 年 Q4	
6	中海油惠州 2 期	中国	80	2019 年 Q4	
7	浙石化 1 期	中国	400	2019 年 Q3	
8	恒力石化	中国	450	2019 年 Q1	最终实现量产在 2019 年第 3 季度初
9	恒逸文莱	中国	150	2019 年 Q3	
10	盛虹石化	中国	160	2019 年 Q4	
11	扬子石化 2 期	中国	100	2021 年	规划中
12	中金石化 2 期	中国	160	2022 年	
13	汉邦石化	中国	100	2022 年	规划中

续表

序号	企业名称	所在国家	产能（万吨）	计划投产（重启）时间	备注
14	阿美（吉赞）	沙特	60	2022 年	
15	中化泉州	中国	80	2020 年	规划中
16	上海石化	中国	100		规划中
17	国家石化	阿联酋	140		
18	PTTG	泰国	120	2022 年 Q4	
合计			2750		

说明：对 2019 年 PX 供应产生实质性影响的，即腾龙芳烃 160 万吨，越南与沙特装置增产 50% 即 85 万吨，恒力新投产增加 270 万吨，以及浙石化与恒力文莱可能产能 100 万吨 PX 增量，最终年环比增加供应 615 万吨。

表 12-5　PTA 产能装置投产一览

序号	企业名称	产能（万吨）	计划投产（重启）时间	备注
1	福海创	450	2019 年初	已经复产
2	四川晟达	100	2019 年中	已经投产
3	宁夏宝塔	120	2020 年初	延后
4	蓝山屯河	60	2020 年初	延后
5	虹港石化	250	2019 年底	
6	新凤鸣	220	2019 年 Q4	
7	恒力大连	220	2019 年 Q4	
8	逸盛宁波	330	2020 年初	总共 600 万吨
9	福建百宏	250	2020 年 Q3	
10	中泰昆玉	120	2020 年底	
11	逸盛海南	220	规划中	
12	合计	2340		

测算：2019 年实际可能投（复）产的装置 1240 万吨，产量增加 550 万吨。

表 12-6　聚酯产能装置投产一览

序号	企业名称	工厂厂址	产能（万吨）	计划投产（重启）时间	配套产品
1	经纬新纤	福建长乐	20	2018 年 12 月底	涤纶长丝
2	国塑高科	江苏吴江	20	2018 年 12 月	涤纶长丝
3	华宏	江苏江阴	8	2018 年 12 月	涤纶长丝
4	江苏优彩	江苏江阴	10	2018 年 12 月	涤纶短纤
5	扬州富维尔	江苏扬州	20	2018 年 12 月	低熔点
6	江苏向阳	江苏江阴	8	2019 年第 1 季度	低熔点

续表

序号	企业名称	工厂厂址	产能(万吨)	计划投产（重启）时间	配套产品
7	华亚	江苏宜兴	7	2019 年第 1 季度	涤纶短纤
8	江苏华西村	江苏江阴	10	2019 年第 1 季度	涤纶工业丝
9	嘉兴逸鹏	浙江嘉兴	50	2019 年	涤纶短纤
10	海南逸盛	海南	50	2019 年年中	涤纶长丝
11	大连逸盛	辽宁大连	60	2019 年年中	聚酯瓶片
12	江苏恒力	江苏盛泽	20	2019 年	聚酯瓶片
13	仪征化纤	江苏扬州	20	2019 年第 2 季度	涤纶短纤
14	浙江三维	浙江台州	15	2019 年下半年	涤纶工业丝
15	浙江三维	浙江台州	25	2020 年下半年	涤纶工业丝
16	桐昆二期	浙江嘉兴	60	2019 年	聚酯切片
17	桐昆恒优	浙江嘉兴	60	2019 年	涤纶长丝
18	盛虹	江苏吴江	25	2019 年	涤纶长丝
19	逸鹏	浙江嘉兴	50	2019 年	涤纶长丝
20	恒逸（海宁）	浙江嘉兴	75	2019 年	涤纶长丝
21	宿迁逸达	江苏宿迁	50	2019 年	涤纶长丝
22	新凤鸣	浙江嘉兴	100	2019 年	涤纶长丝
23	桐昆恒邦四期	浙江嘉兴	30	2019—2020 年	涤纶短纤
24	桐昆恒腾四期	浙江嘉兴	30	2019—2020 年	涤纶长丝
25	南通恒科	江苏南通	60	2019—2020 年	涤纶长丝
26	锦兴	福建晋江	50	2019—2020 年	涤纶长丝
27	大连逸盛	辽宁大连	60	2019—2020 年	聚酯瓶片
28	联达	浙江萧山	50	2021 年	涤纶长丝
	2018 年未投		78		
	2019 年投		685		
	2020 年投		230		

表 12-7 MEG 产能装置投产一览

序号	企业名称	所在国家	产能（万吨）	计划投产（重启）时间	工艺
1	内蒙古古康奈尔	中国	30	2019 年	合成气
2	江苏斯尔邦	中国	30	2020 年	乙烃法
3	鹤壁宝马	中国	20	2019 年	合成气
4	鄂托克旗建元煤焦化	中国	24	2019 年	合成气
5	内蒙古伊泰石油化工	中国	40	2019 年	合成气

续表

序号	企业名称	所在国家	产能（万吨）	计划投产（重启）时间	工艺
6	浙江石化	中国	80	2019 年	一体化
7	神华榆林	中国	40	2019 年	煤制
8	山西襄矿泓通煤化工	中国	20	2019 年	合成气
9	陕西煤业化工	中国	30	2019 年	合成气
10	延长石油	中国	30	2019 年	合成气
11	恒力石化	中国	90	2019 年	一体化
12	新杭能源	中国	10	2019 年	合成气
13	新杭能源	中国	20	2019 年	合成气
14	中安联合	中国	60	2020 年	合成气
15	中科	中国	22.5	2020 年	一体化
16	新疆天业	中国	60	2020 年	合成气
17	山东久泰	中国	100	2020 年	合成气
18	内蒙古明拓	中国	12	2020 年	合成气
19	SNA	美国	25	2018 年	
20	NYPC	美国	60	2019 年	
21	MEGlobal	美国	75	2019 年上半年	
22	WLCC	美国	70	2019 年	
23	PCG	马来西亚	74	2019 年	
24	Yansab（扩容）	沙特	14	2019 年	
25	Sablic	沙特	70	2020 年	
26		美国	50	2021 年	
27		美国	90	2022 年	
28		印度	36.5	2020—2021 年	
合计			1283		
其中：2019 年			652		
其中：2020 年			354.5		

　　按照上述的产能排列，PX 产量增加可以提供 1200 万吨聚酯生产之需，按照 PTA 端的产量，可增加 640 万吨聚酯产量。2019 年，聚酯实际内在的需求增量为 7%。很明显，无论是 PX 还是 PTA，对聚酯而言都是过剩的，只不过 PTA 投产时间偏后，PX 投产偏前一点。

（2）作为纸货的 PX 与期货 PTA，都是 Back 价差结构，但后者的期货贴水，完全能弥补 PX 换月带来的损失（见图 12-16、图 12-17）。

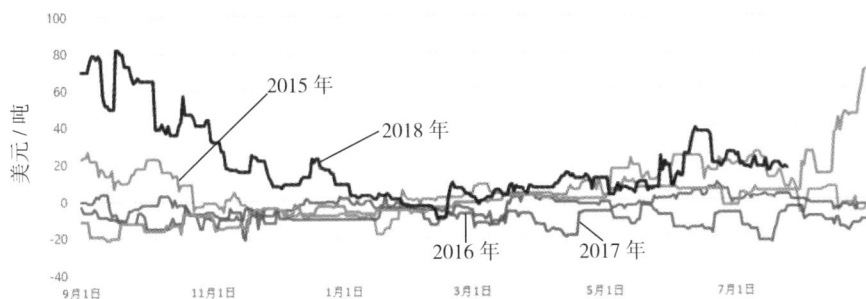

图 12-16　PX 月差变化

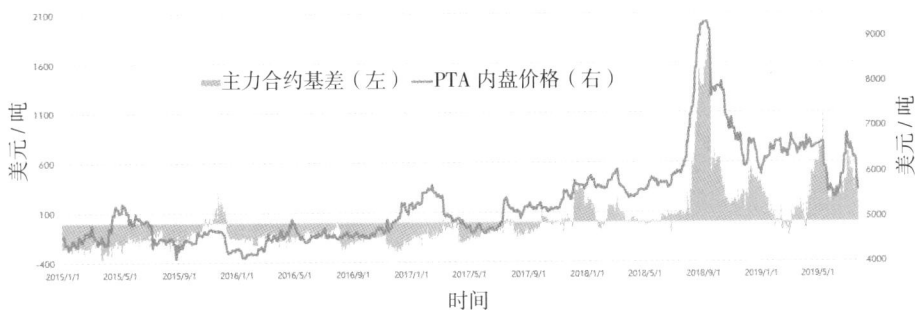

图 12-17　PTA 基差变化

2018 年底，两者都是现货升水结构，我们看看当时的利润情况（见表12-8）。

表 12-8　三种组合盈利情况

时间	石脑油 – 原油 （美元 / 吨）	PX- 石脑油 （美元 / 吨）	PTA-0.66PX （元 / 吨）
2018 年 1 月	83	342	845
2018 年 2 月	68.4	387	918
2018 年 3 月	75	359	899
2018 年 4 月	66	338	727
2018 年 5 月	90	320	655

续表

时间	石脑油 - 原油 （美元/吨）	PX- 石脑油 （美元/吨）	TA-0.66PX （元/吨）
2018 年 6 月	71	316	759
2018 年 7 月	92	343	700
2018 年 8 月	98	528	1602
2018 年 9 月	94	613	1415
2018 年 10 月	80	586	357
2018 年 11 月	35	552	568
2018 年 12 月	40	535	801
2018 年均值	74.5	435	854
最近 5 年最大值	147	613	1602
最近 5 年最小值	24	244	257

2018 年 12 月底，PX 端拥有将近 300 美元/吨的净利，PTA 端的净利只有 300 元/吨，此时 PX 投产的信息铺天盖地。无论从产业供需还是利润分配的角度，PX 端利润均有向 PTA 端倾斜的必要。

以上只是预测，实际跟踪的情况是：

（1）PX 端的加工费用逆势走高，其原因何在？ 2019 年 3-5 月有 PX 装置检修，我们应利用这一消息逆向操作还是回避？

（2）此时，PTA 端的基差走强了 400 元/吨，几乎可以覆盖 PX 月差的走强。PX 月差从 10 美元/吨上升到 40 美元/吨。从交易层面看，"卖 PX、买 PTA"并未损失现金流。

（3）时间到了 3 月底，恒力股份的 PX 顺利投产，且全线打通的时间大大提前，相对检修而言，这是更有利于做空的信号。

总而言之，到 2019 年 6 月中旬，PX 加工费用在 320 美元/吨，绝对价格下跌了 300 美元/吨，PTA 加工费在 1800 元/吨，上升了 1000 元/吨，绝对价格从 5800 元/吨上升到 6200 元/吨。从价格的对比而言，PX 端赚了 300 美元/吨，PTA 端赚了 400 元/吨。但在此时，新凤鸣与恒力 PTA

装置将在 2019 年第四季度投产，该交易投产的最佳时机就要过去了。PTA 的基差从 800 元 / 吨，一度走到为零为负，表明了 PTA 最美好的时期已彻底结束。

| 第十三章 | 交易实践的知与悟 |

交易实践这个题目有点大，因为不同性格的人所处环境不同，演绎出的交易风格大不相同，不能简单地说哪种方法好、哪种方法不好。尽管如此，成功的交易方式一定有一些共同点，而失败的交易中可能存在的问题又是几乎相同的。

第一节　成功交易的几个要点

关于成功交易的要点，前面都间或提到过，但不够系统。本节还是本着"从一到二"的角度来谈论这个话题。

（一）自信程度与持仓

交易是兑现个人对市场认识的通道。而对市场的评估，大多数人是不客观的，是基于自我的肯定，而不是放在市场本身来考虑。这种错误的认知，并不是由个人能力的高低，而是由人的动物性决定的。动物性令人在安全感很高的时候，容易自我欣赏；而在安全感极其缺乏的时候，又容易极度恐惧。

因此，在交易的时候，我们在觉得自信心很强的时候，要环顾四周再决定仓位，而不能简单地把仓位堆高。大多数人在交易中都有过这样的感受：刚刚自我感觉良好的时候，就发现不行了，接着就陷入亏损的旋涡。

如何克服这个问题？首先，要把自己的研究做好，不仅要做好同比的比较，还要做好环比的比较。其次，要进行市场情绪调研，如果你自己想到的策略看起来很好，要多问问市场中的人；如果大家都很看好，则要考虑市场兑现了多少；如果已经兑现了很多，就要放弃这个策略；要么就是压根没有这种机会，也要放弃。

因此，自信心与仓位之间，可考虑以下公式：

$$自信心 / 自我否定 \times 仓位 = 成功$$

（二）对自己成功情形进行分类

交易归根结底，就是综合考量胜率与盈亏比的游戏。

大概策略分为两大类，一类是趋势跟踪，另一类则是套利交易。趋势跟踪，一般是放弃高胜率，追求较高盈亏比；套利交易，则是追求高胜率，在盈亏比上做出牺牲。

但是，市场上绝大多数的交易者根本就不知道自己做的是哪类策略，以至于在风险管控上无所作为，那么也就会在交易上常年陷入亏损。

比如说，市场上做股票投资的人，都希望听到厉害的消息，他们都说谁是谁，谁又是谁，都是很厉害的人物。这本身没有错。利用别人的信息来进行交易，此时应该属于趋势交易。趋势交易的胜率是不高的，能达到50%以上的胜率就很了不起了。既然这样，那么一旦亏损，就要马上止损，绝不含糊。到底亏多少百分点就止损，则因人而异，但及时止损一定是对的。

还有，有的时候市场单边难赚钱，于是乎就选择套利交易，但胜率太低了，动不动就砍仓，结果也会亏损。套利交易对研究的要求更高，而不是双边交易放低了对研究的要求。套利交易本质上是两个单边，需要找到最好的多头和最空的空头，而不是眉毛胡子一把抓。

好的套利交易在研究上需要做的工作大抵如图13-1所示。

确定市场方向：为波动率或者货值的敞口定性

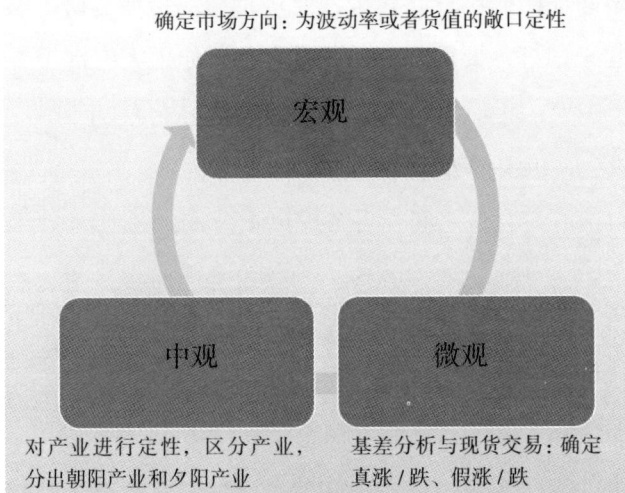

图 13-1　套利交易需要做的分析工作

其实为了提高胜率，需要做大量的工作，这种工作对于小散户来说，是不堪重负的。

因此，要在市场上存活，则需要明确自己在市场上的角色定位，从而明白并选择自己的盈利方式。

可能有人会问，有没有胜率高而且赔率高的买卖？有，千载难逢，这时就进入了第三个要点。

（三）善良比智慧更重要

为什么善良比智慧更重要？智慧当然比小聪明重要，前面章节已经提及过，智慧重在修炼分别心，修炼与表达、发挥之间则存在天堑，这个天堑就是善良。

受到国内疫情冲击及海外经济低迷的影响，2021 年 7 月 23 日起股市暴跌，连跌了 4 天，尤其是第四天，跳空低开，此时市场一片凄迷（见图 13-2）。然而就在此时，笔者做出一个大胆的动作：买入股指，然后等待反弹，但是此举遭到了很多人的极力反对，其中不乏身边很亲近的人。笔者就反问了他们几个问题：

图 13-2　沪深 300 指数现货的价格走势

（1）IF 这几年市盈率是变好还是变差了？（变好，从 16 倍市盈率变成 13.7 倍）

（2）IF 对应的股息率减国债收益率是变好还是变差了？（变好，股息率曲线往上）

（3）市场情绪是不是极度恐慌？（极度恐慌，坦率来说，笔者自己也有点恐慌）

那么站在善良这一边，买！为什么是善良？因为那些坚持价值投资的人都深陷被套，我们买不就是在解救他们吗？

而此时坚持所谓痛打落水狗者，则做空，之后其下场就很惨了。

当然，我们的善良是建立在正确的价值观及其判断基础上，是对市场友好，而非对某个人有特别的偏爱。

（四）定期自省是常胜的秘籍

如果相信牛市，就买中信证券；如果相信保险股好，就买中国平安；如果坚信房地产会反弹，就买万科。诸如此类的思想，是老八股，是没有分别心，应该被扫进历史的垃圾堆里去。

滚滚长江东逝水，浪花淘尽英雄。我们在做出上述判断之时，是否做过分析？站在当下，中信证券、中国平安和万科能代表证券、保险和房地产业的发展方向，但它们能引领未来的潮流吗？是否有新秀来取而代之？我们是否没有看见，或者压根就是视而不见？

举个例子，中信证券和东方证券的价差劈叉，见图13-3。

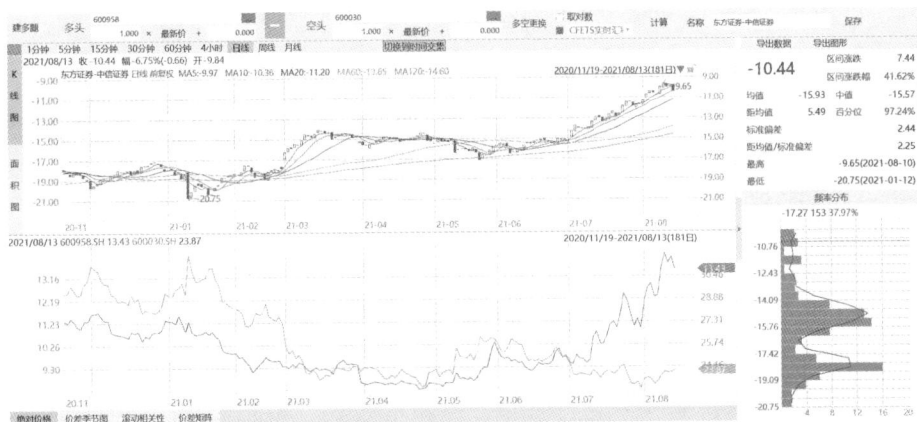

图13-3　中信证券和东方证券的价差劈叉

笔者于2007年进入证券市场，那时候中信证券到处并购，成为行业里最大的券商。到现在已经15年过去了，资本市场也在发生变化，证券业的重心也在变。如果墨守陈规，怎么能永葆青春？而东方证券则抓住了资管行业大兴起的契机，在这一领域处于领先地位。其他证券公司则由于包袱太重、路径依赖等问题，根本就无法转过来。

很多行业都是如此，所谓"旧的不去，新的不来"。我们只有警醒变化，审视变化，悦纳变化，用变化来改造自己，才能在市场上立于不败之地。

第二节　交易中的 bug

bug 一词英文原意是"臭虫"或"虫子"。而现在，在电脑系统或程序中，如果隐藏着未被发现的缺陷或问题，人们也叫它 bug。而将其用于交易系统的搭建、运行中，则表明其中存在着不可名状的一些缺陷，而之所以成为缺陷，是因为它在某个关键时间点会影响到系统的运行。本节主要就交易中可能存在的 bug，在笔者认知范围内进行阐述。

（一）相信绝对真理就是最大的 bug

笔者遇到过这样一位朋友，他相信绝对真理，并认为自己掌握了绝对真理，确实他的投资收益不错，但笔者也看出，这和早些时候上证指数的波动幅度差不多。同样，笔者在敦和资管期间，也知道一位不可一世的"高人"，他藐视收益曲线平滑理论和相关的追随者。笔者一个朋友曾经说过，在 2013—2015 年煤焦钢暴跌的时候，自己从 20 万元赚到 1.5 亿元，再从 1.5 亿元亏下来，后来终于相信了一个道理，其实能否挣钱，50% 可能还是运气成分，不要夸大自己的能力和上帝对自己的垂青，这才是理性的处世之道。

同样，笔者从敦和资管出来接资金做投资，有客户就问，当你挣到足够多钱的时候，是否会骄傲起来，认为自己掌握了宇宙真理，然后美女左拥右抱，飘飘然乎？这种提醒是振聋发聩的。不要高估自己的能力，同时也不要妄自菲薄。

相信绝对真理有多可怕？有人认为动力煤是没用的，为什么？因为新能源；WTI 期货在 2020 年变负数也是合理的，因为新能源。但是，动力煤价格在 2021 年创了新高（见图 13–4）。如果将动力煤的很长时间的价格逻辑运用于 2020 年 10 月份以来的交易，都不知道爆仓多少次了。

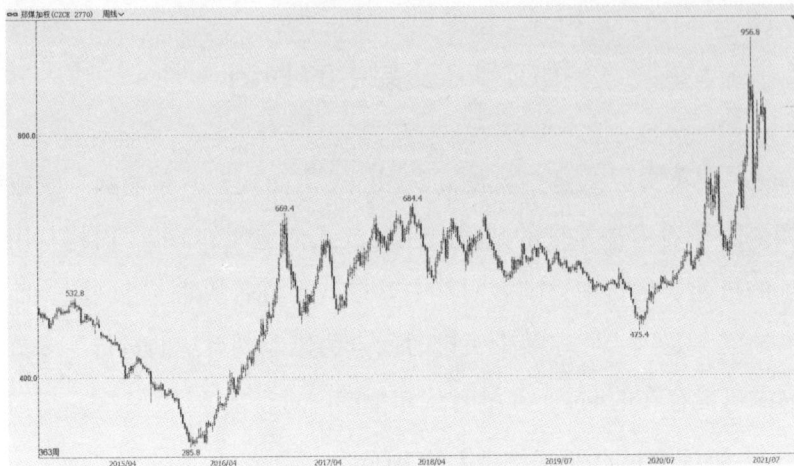

图 13-4　煤炭期货价格走势

另外，不要把交易成功等同于认知成功。笔者早些时候认识一个做塑料期货的朋友，他用的是免费信息，但数据实际上是错的，结果呢，蒙对了两把，第三把却血本无归。还有朋友去调研，但实际上缺乏对产业的相关研究，结果相信自己看见的便是事实，并将此运用于交易，第一把蒙对了，第二把巨亏。

因此，笔者很羡慕那些成功的人。失败了大家都会总结教训，而如果把侥幸获胜当成掌握了"宇宙大真理"，结果会很惨的。

（二）有没有更高的逻辑？

你会不会被市场降维打击？实际上，绝大多数人都可能会被降维打击。是不是遭遇降维打击你就活不下去了，或者是没有活动空间了？不是，要知不知，才能活下去；不然，极容易把短期认识上升为规律，从而遭遇灭顶之灾。

举例来说，买强基差、卖弱基差，曾被视为做对冲交易行之有效的方法，但实际情况真的如此吗？如果真的是这样，那市场中做基本面套利的人就应该没有亏钱的。但要做到这一点，必须符合以下几点要求：

（1）强基差的品种会不会出现崩塌，弱基差的会不会困境反转，这个需要弄明白。

（2）时间效应。应该是邻近交割走这个逻辑会最强。

（3）持仓结构。如果认为多头头寸持仓集中，空头头寸也集中，那么可能价格和价差都反映过了。

准确来说，做价差套利比做单边难多了。做价差套利的人最终才能做成大单边，这是怎么演化的呢？

（4）结合现货，发现盈利可能几乎都是多头持仓或者空头持仓贡献的，此时应该反思套利交易是否应该持有单边多或者空。

（5）在实践中，发现边际缺口（过剩）对价格的敏感性不高，因此是否可能会是单边头寸？

（6）价差套利中，发现某个舆情或者市场情绪出现一边倒的情况，是否只搞单边？

管中窥豹、一叶知秋及反向推理才是投资的最佳路径。

投资是一门职业，是世俗之学，千万不要神化它。一旦神化，就离毁灭不远了。

总之，无论何时何地，一定有更高的逻辑，我们不要狂妄自大，每一次结束都是总结，下一次开始是重新的起点。很多的逻辑缺陷在于自己，不在于别人。

（三）波动率之殇

很多的交易，都会死在波动率上，这也是常见的 bug。林军先生的"53条军规"中，就提及"不要高估自己对风险的承受力"。很多的风险，可能就是波动率超出预期，可是在行情演绎中，我们并不知道这到底是纯粹的波动率问题还是基本面出了问题。原因在于，我们对基本面信息的掌握不可能是完备的，我们永远都不知道真正的终极对手在哪里等着我们。

就比如，中石化做梦也没有想过以前只做纺织行业的恒力集团会成为自己的竞争对手，工商银行也不会知道腾讯会成为自己在支付手段上的竞争对手。这似乎和波动率无关，但我们的困难就在于不能辨明这种波动的原因到底为何。

但参考国内原油期权的走势（见图13-5），波动率确实是可以利用的，即价格高位，波动率收窄加上指标背离，则可能会认为趋于下跌，下跌多少、何时下跌不知，但下跌中波动率的放大是已知的。因此，可以买入看跌期权来达到投资效果。

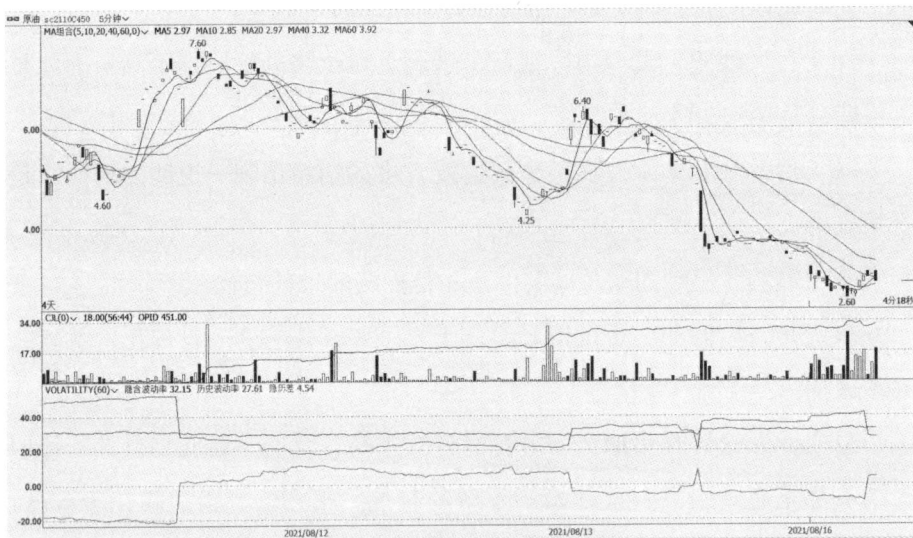

图 13-5　国内原油期权的走势

既然波动率放大可能是不可名状的原因造成的，那么我们要做的不是规避它，而是如何通过措施减少影响。大抵方式方法如下：

（1）在做策略之前，如果涉及套利，则品种间的相关性要强一点的，非相关的品种则减少持仓比例；单品种的投机上，则注意首次建仓比例。

（2）一旦陷入亏损，则要主动减仓，不要抱侥幸心理加仓，除非原因已经探明。

（3）波动率没有被利用之前，尽量对自己的仓位节制一点。

（四）不相信马太效应一定会吃大亏

马太效应是什么？前文就提到过，即强者愈强、弱者愈弱，有钱的越有钱、没钱的越没钱的现象，可以理解为赢者通吃。在行情演绎过程中，会发现那些基本面越好的品种，在它所在的系列中，所获得的资金量会越多。但实际上呢？很多人并不具备这样的眼光，喜欢向不优秀者靠拢，即买入行业第二或者第三的公司，这样实际效果会很差。

第一和第二的差距有多大？比如说在世界级的资产管理公司中，我们知道巴菲特的伯克希尔当属世界第一的常青树，尤其是长期的价值投资理念为人津津乐道，但我们并不能确切地知道第二名、第三名是谁。好的机构，一定要把自己的研究成果兑现，不能成为束之高阁的花瓶或者饭后的谈资。这就是说，第一名往往把第二名甩出好几条街。投资资金是自私的、逐利的。作为投资经理或者基金经理，需要管理好自己的内心，做一个内心世界丰盈之人，做一个饥渴慕义之人。

再比如2021年的烯烃期货，乙烯类的期货都很弱，但PVC的多头很集中，机构选择PVC作为最好的乙烯类期货。在芳烃类中，PTA也表现得最好，第二名或者第三名就一直只能追随。作为原油小期货的沥青，也是如此，原油是追随者。

第三节　交易与研究互为促进

交易与研究的相互促进关系见图 13-6。

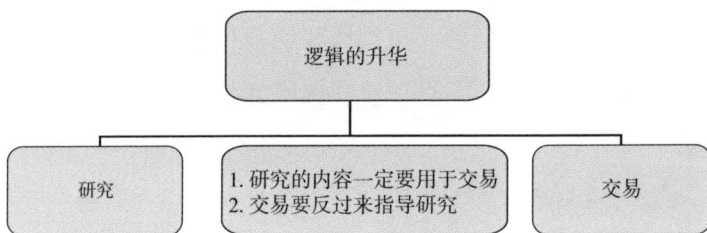

图 13-6　交易与研究的相互促进

逻辑有的时候能自洽，有的时候是无法自洽的。并不是不能自洽的逻辑就不是好逻辑。实际上，我们在日常研究中，能得出有效的观点是非常不容易的。千万不要为了得出观点而去得出观点，那样会害了自己，也会害了自己所在的机构。

同理，交易是什么？是交易你发现的东西，要注意控制所持有头寸的风险。严格来说，交易是没有底线的。这个底线不是道德层面的，而是逻辑层面的。笔者所见，有的人运用鸡蛋明显的淡旺季来做交易，实现了财务自由；还有人利用金银在各种情人节的淡旺季来进行交易，也赚了不少钱。你会觉得这些逻辑很一般吗？没关系，只要能掌握逻辑并能兑现，就是好的交易逻辑。

因此，研究逻辑和交易逻辑有时候是一对一的关系，有时候并非如此。当然，为机构做交易，则一定要有深度的研究作为后盾。交易经理或者基金经理一定要允许研究员犯错，因为他们并不能准确知道交易对手是谁，价格上有没有准确的定价。作为研究员，要理解基金经理，自己的结论不被采纳，也不表明自己没有水平、没有价值。

举个例子，笔者在观察中泰化学股价的时候（见图 13-7），就很疑惑，为什么它的很多产品利润不错，股价就表现不出来呢？其实这里存在着很多原因，这些可能是交易者要研究的东西：

（1）是不是有其他的产品亏损没有披露？比如说 PTA 是生产还是亏损的。

（2）市场认为中泰化学的管理水平有待提高，譬如中泰的贸易公司之前是亏损的，最近才被剥离。

（3）主流的投资者认为煤化工上不了大雅之堂，因为它们还在搞大炼化。

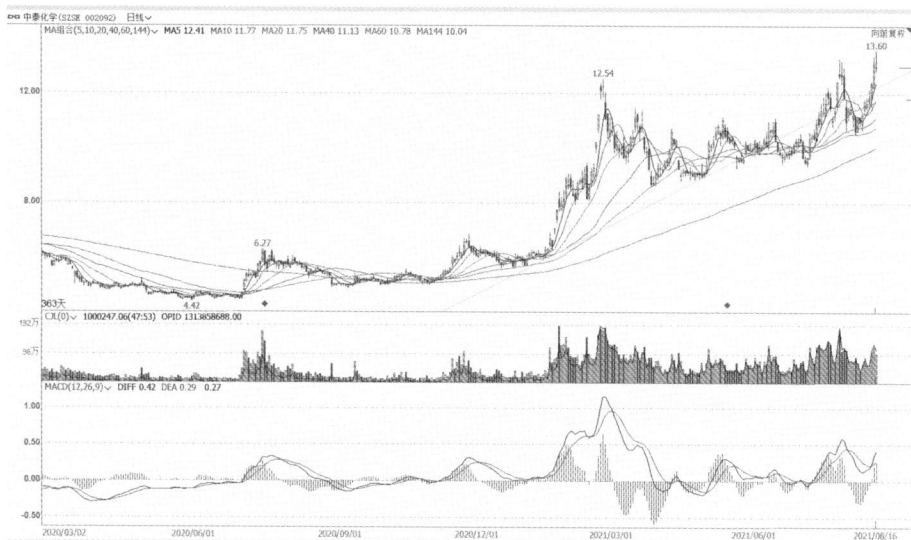

图 13-7　中泰化学的股价走势

做完这些研究之后，交易者认为可能存在市场偏见，此时能否交易，还得去找行业研究员，这些行业的利润能否维持，自己的判断是否与行业会有一个预期差？什么是预期差？就是市场普遍认为中泰化学在 2021 年只有 20 亿元的利润，那么通过自己的买方研究得出的利润会不会超预期，比如说 40 亿元、50 亿元，最后出现较强的预期差？

因此，交易与研究的互为促进最终的结果是逻辑升华，表现形式则为：研究的内容一定要用于交易，而不仅仅是谈论；交易反过来要指导研究，而不是和研究形成隔阂。

最后，笔者深深知道，没有一成不变的研究，没有一成不变的交易模式，以"从一到二"的思维模式为锚，不断地进行自我修炼，勤奋加坚持，才能到达成功的彼岸。

笔者还是强调，不要将投资神化，投资就是一门职业，通过对规律的掌握和不断实践，它终究能为我们带来正向收益。

后　记

　　这本书的写作时间，准确地说是从 2018 年 10 月起，那个时候笔者就想整理自己对投资和交易研究的理解。这本书不是在赚了大钱之后分享自己的所思所想，而是结合自己的交易实践，以及笔者在访谈中认为正确的东西，进行了系统化的归类。

　　这本书的写作起源于本书的主要作者徐智龙。很多与其交流过的同行乃至投资大师都说，此人十分善于总结。但这本书最终成型，同时得益于本书的另一作者樊永显。是他的鼓励和参与，才使这本书最终得以面世。本书一共有三篇 13 章，其中 9 章是由徐智龙完成，另外 4 章由樊永显完成。徐智龙主要负责本书的架构，樊永显则仔细推敲了每一章的逻辑。

　　本书的重点是"从一到二"，"一"可以理解为事物的本体，二则是事物的具体性，即正反两方面，是实体和影子的关系、本质与现象的关系。如果说，我们认为有上帝，上帝在你心中，那么上帝也经常奖励勤劳的人、谦虚的人、务实的人。因此，投资工作应该是艰苦卓绝的，是不断求证又不断被"打脸"然后依然选择继续前行的过程。我们深知，大学的金融投资职业教育有其系统性和领先性的方面，但是在实用性和操作性方面确实是有所欠缺的。我们希望这本书能起到抛砖引玉的作用，希望行业里的大佬都能出版一些自己的经验所得，贡献给社会。另外，我们也不太希望在赚钱之后通过一本书来炫耀自己，那样也会落得方仲永的后果。

　　路漫漫其修远兮，吾将上下而求索。知与行是投资工作中永远不变的践行。关山难越，谁悲失路之人？在"从一到二"的认知中，有很多座关山需要去跨越，不要自怜自艾，而是给自己鼓劲，擦干眼泪继续走在求真务实的道路上。

最后，要提到的是，这本书的出版得到浙江大学经济学院教授柴效武先生的大力支持，他在本书的编排、词句的修改及格式方面做了大量的工作。同时感谢原河南同舟棉业交易经理高建亮先生，本书中近八成的图都是他亲手绘制，并对本书的内容及观点提出了质疑及修改意见。也要感谢笔者身边的很多大师级人物，书中很多例子都出自他们。当然，也要感谢我们的家人。投资这条路很艰辛，有他们的理解和支持，我们才没有沮丧，才有满满的能量，不仅能通过投资养家糊口，还有这本书作为副产品回馈给读者。

徐智龙　樊永显

2021 年 10 月

图书在版编目（CIP）数据

从一到二 ：证券期货投资的知行之路 / 徐智龙，樊
永显著. — 杭州 ：浙江大学出版社，2022.5
ISBN 978-7-308-22423-9

Ⅰ. ①从… Ⅱ. ①徐… ②樊… Ⅲ. ①证券投资－基
本知识 Ⅳ. ①F830.91

中国版本图书馆CIP数据核字(2022)第045104号

从一到二——证券期货投资的知行之路

徐智龙　樊永显　著

策划编辑　吴伟伟
责任编辑　杨　茜
责任校对　许艺涛
装帧设计　浙信文化
出版发行　浙江大学出版社
　　　　　（杭州市天目山路148号　　邮政编码　310007）
　　　　　（网址：http://www.zjupress.com）
排　　版　杭州林智广告有限公司
印　　刷　杭州钱江彩色印务有限公司
开　　本　710mm×1000mm　1/16
印　　张　13.5
字　　数　173千
版 印 次　2022年5月第1版　　2022年5月第1次印刷
书　　号　ISBN 978-7-308-22423-9
定　　价　49.80元